Vorwort

Knisternde Erotik mit heißen älteren Frauen, mit dem gewissen Etwas.
Wer träumt nicht davon? Oft sind es heimliche Fantasien. Dass diese Fantasien auch wahr werden können, sehen Sie an meinen Geschichten, die sich so auch im wahren Leben abgespielt haben.
Viel Spaß mit meinen effektvollen Geschichten.

Kapitel 1
Reife Blicke am Strand

Kapitel 2
Die Deutschlehrerin

Kapitel 3
Verführt

Kapitel 4
Die Schwiegermutter

Kapitel 5
Der Geburtstag

Kapitel 6
Ein pädagogisches Date

Kapitel 7
Die Macht

Kapitel 8
Zwei ältere Damen

Kapitel 9
Die Nachbarin

Kapitel 10
Ein besonderes Erlebnis

Kapitel 11
Die Mutter meines Freundes

Kapitel 12
Das Prachtweib

Kapitel 13
69er

Kapitel 14
Die Fotos

Reife Blicke am Strand

Wie jedes Jahr machte ich mit meiner Familie Ferien an der Ostsee. Diesen Sommer war zum ersten mal auch der Verlobte meiner ältesten Tochter Katharina dabei. Die ganze Familie verstand sich gut mit Walter, und auch ich fand ihn sympathisch und humorvoll.

Normalerweise mache ich mir keine Gedanken darübe, nackt zu baden. Aber als wir dieses Jahr zum ersten mal an den Strand gingen, zögerte ich unwillkürlich. Ich konnte ich nicht anders, als mich zu fragen, wie ich als 40-Jährige nach drei Schwangerschaften wohl auf Walter wirken würde. Eigentlich sollte mir das ja wohl egal sein, aber dennoch war ich leicht nervös, als ich vor meinem zukünftigen Schwiegersohn die Hüllen fallen ließ. Er dagegen zog sich völlig ungehemmt aus.

Katharina bemerkte wohl meinen beeindruckten Blick auf Walters nackten Körper und grinste stolz. Kein Gramm fett war an seinem durchtrainierten Körper zu sehen und zwischen seinen Beinen hing lässig seine enorme beschnittene Rute, deren dicke Eichel leicht zwischen den Oberschenkeln pendelte. Ich mußte wohl einen Moment zu lange gestarrt haben, denn kurz darauf bemerkte ich Walters frechen, wissenden Blick und wandte mich schnell ab. Mein Mann, der zum Glück nichts bemerkt hatte, war leider wesentlich geringer ausgestattet und hatte dafür einen überdeutlichem Bauchansatz. Meine Tochter dagegen konnte sich durchaus sehen lassen: Ihre großen, festen Brüste reckten sich stolz in die frische Luft und paßten perfekt zu ihrem runden, straffen Po und den muskulösen Beinen, wie ich anerkennend feststellte. Meine beiden jugendlichen Söhne dagegen kamen eher nach ihrem Vater. Walter war ohne Frage ein sehr potenter Liebhaber, bedauerlicherweise im Gegensatz zu seinem Schwiegervater. Fast jede Nacht hörte ich, wie er Katharina im Nebenzimmer stundenlang begattete, und obwohl beide sich bemühten, leise zu sein, zeugte Katharinas unterdrücktes Seufzen und Stöhnen doch mehr als deutlich von der Ausdauer ihres Verlobten. Mehr wegen meiner starken Erregung als wegen des Lärms konnte ich kaum schlafen und immer öfter wünschte ich mir, wenigstens einmal an Katharinas Stelle zu sein.

Es dauerte nicht lange, bis ich mir gegenüber Walter eine schnippische Bemerkung über das nächtliche Treiben nicht verkneifen konnte. Wir waren gerade allein in der Küche und er ging ganz locker auf meine kleine Anzüglichkeit ein, sprach im Plauderton über Sex im allgemeinen und fragte mich nach meinen Vorlieben. Zuerst war ich etwas eingeschüchtert von seiner Offenheit, aber dann fand ich es schön und erregend, zum ersten Mal in meinem Leben mit einem Mann über Sex zu plaudern. Einmal in Fahrt gekommen gestand ich ihm sogar, daß in meiner Ehe schon lange nichts mehr lief.

Das Resultat war, daß die beiden Verlobten in den nächsten Nächten mehr Rücksicht nahmen und nichts zu bemerken war. Dafür begannen sie allerdings, tagsüber bei jeder Gelegenheit heimlich übereinander herzufallen. Da ich mittlerweile richtig rollig war, entging mir nichts davon. Einmal beobachtete ich sie hinter einer Düne, wie Katharina verkehrt herum auf ihrem Verlobten ritt. Immer wieder verschwand sein harter Bolzen zwischen ihren prallen Backen, die er dabei zärtlich knetete. Erst als er mit einem Stöhnen in ihr kam, galang es mir, mich von dem Anblick loszureißen und leise zu verschwinden.

Ein anderes mal sah ich hinter der angelehnten Tür, wie meine Tochter Walters Riesending auf Knien mit dem Mund bediente. Ich erstarrte förmlich, als er mir plötzlich direkt in die Augen sah, schelmisch grinste und dabei weiter Katharinas Kopf streichelte. Anscheinend störte es ihn überhaupt nicht, daß ich den beiden zusah. Ich wurde so geil, daß ich mit rasendem Herzen ins Bad stürzte und mich mit hastigen Bewegungen selbst befriedigte, so daß ich innerhalb von Sekunden von einem heftigen Orgasmus geschüttelt wurde. So etwas hatte ich seit meiner Jugend nicht mehr getan, und ich merkte erst jetzt richtig, wie nötig ich es hatte. Ich brauchte unbedingt einen Kerl, und dabei dachte ich nicht mal mehr an meinen eigenen Mann.

Als wir am nächsten Tag an den Strand gingen, verschlang ich bei jeder Gelegenheit mit den Augen Walters herrlichen Körper: Seine kräftigen Oberarme, seinen harten, flachen Bauch, seine muskulösen Pobacken und seinen stattlichen Schwanz. Auch andere Männer zogen meine brünstigen Blicke an, doch an Walter konnte ich mich einfach nicht sattsehen.

Nach einer Stunde fiel uns auf, daß wir die Getränke im Auto vergessen hatten, und ich stand seufzend auf, um sie zu holen. Als ich mir ein langes T-Shirt überzog, bot Walter plötzlich an, mich zu begleiten, und mein Herz machte einen Sprung. Während mein Mann auf unsere Sachen aufpaßte, wollten die anderen schwimmen gehen, und so machte ich mich mit meinem zukünftigen Schwiegersohn, nackt wie er war, auf den Weg.

Etwas übergangslos und stotternd knüpfte ich an unsere Plauderei über Sex an, worauf er jedoch lässig einging und mir bald intime Details über sich und Katharina erzählte. Das machte mich so an, daß ich zwischen den Beinen bereits feucht wurde und meine Nippel deutlich durch das dünne Shirt drückten. Doch auch ihn ließ unser heißes Gespräch nicht ganz kalt: Sein ansehnliches Teil geriet schon in gefährlicher Schieflage, wie mir ein rascher Seitenblick offenbarte.

Am einsamen Parkplatz angekommen, öffnete ich den Kofferraum unseres Kombis und beugte mich hinein. Rollig wie ich war, konnte ich es nicht lassen, meinen Hintern dabei schön weit nach oben zu recken.

»Kannst du mir mal helfen?« fragte ich atemlos, weil ich ihn gerne dicht neben mir spüren wollte. Doch ich bekam mehr, als ich erhofft hatte – Walter trat direkt hinter mich, drückte seine Hüften an meinen Po und hielt mit beiden Händen meine Taille fest. Der Kopf seines dicken Hammers rieb dabei an meinen feuchten Schamlippen.

»Na klar helfe ich dir. Ich weiß doch, daß du es brauchst«, raunte er mir ins Ohr und mir wurde fast schwindelig. Gleich würde es passieren.

»Nein, nicht«, seufzte ich und hatte beinahe Angst, das würde ihn tatsächlich abhalten. Aber es war wohl zu deutlich, was ich wirklich wollte, denn schon schob er mein Shirt mit einem Ruck über Schultern und Kopf und fuhr mit seinen starken Händen meinen Oberkörper auf und ab, drückte meine nackten Brüste und kraulte mein Schamhaar. Als ich meinen Hintern voll Verlangen gegen seinen Ständer drückte, antwortete er keuchend:

»Oh, doch, ich glaube schon!« und schob mir seinen steinharten Pfahl langsam von hinten in die Muschi. Ich unterdrückte ein langgezogenes Stöhnen, als ich ihn endlich tief in mir fühlte. Mit langen, festen Stößen begann er, mich zu ficken, und willig seufzend beugte ich den Oberkörper tief hinunter, um ihm den Zugang zu erleichtern. O Gott, wie gut das tat! Machten wir etwas Verbotenes? Mein Denken hatte völlig ausgesetzt.

»Gefällt dir das, du geile Stute?« raunte er.

»Uuohh ja! Ja... mehr, bitte, mehr, gib's mir richitg!«

stöhnte ich hervor und konnte es kaum glauben – so was
hatte ich noch nie gesagt.
Schon steigerte er Tempo und Kraft, nahm mich hart und
schnell. Mein Herz raste so schnell, daß ich kaum genug
Luft bekam. So war ich noch nie durchgezogen worden.
Plötzlich klatschte seine flache Hand auf meinen Arsch,
wieder und wieder. Das gab mir den Rest – Sterne tanzten
vor meinen Augen und mir wurde schwindelig, als es mir kam
wie noch nie. Walter umschlang mit beiden Armen meinen
zitternden Körper, zog meinen Hintern fest an sich und
überschwemmte mein Inneres mit seinem Saft. So hielt er
mich noch eine Weile und streichelte mir über Kopf und
Rücken, bis ich langsam wieder zu Atem kam. Endlich dreht
ich mich um und sah ihn dankbar an. Leicht schluchzend
wischte ich mir ein paar Tränen aus den Augen, lachte ihn
an und drückte noch einmal zärtlich seinen Sack. Dann
schlenderten wir mit den Getränken entspannt zurück.

Die Deutschlehrerin

Die Geschichte begann im Jahr 1990 als ich mein Abitur machte. Die Mädchen in meinem alter interessierten mich nicht. Ich hatte nur Augen für meine Deutschlehrerin. sie war Ende dreißig, etwa 1,65 Meter groß und hatte kleine geile Brüste. Wenn immer es möglich war suchte ich ihre Nähe. Leider bestand nie die Möglichkeit für mich ihr ganz nah zu sein. Nach bestandenem Abitur fasste ich all meinen Mut zusammen und gestand ihr, was ich für sie empfinde. Sie lächelte mich an und sagte, das sie sich sehr geschmeichelt fühlt. Aber mehr könne sie mir nicht geben. So vergingen die Jahre und wir verloren uns aus den Augen, weil ich beruflich ins Ausland ging. Trotzdem träumte ich noch oft von ihr und davon was wir alles machen würden. Nach langer Zeit trafen wir uns dann zufällig wieder. Sie war nun fünfzig Jahre alt, hatte aber von ihrem Reiz auf mich nichts verloren. Gerne nahm ich Ihr Angebot an, auf einen Kaffee bei ihr vorbeizuschauen. Aufgeregt verbrachte ich die nächsten Stunden, bis ich endlich gegen sieben Uhr bei ihr vor der Tür stand. Bevor ich die Klingel betätigte, schossen mir tausend Gedanken durch den Kopf. Wie würde der Abend verlaufen? Bleibt es nur bei dem Kaffee oder würden sich meine Phantasien endlich in die Tat umsetzen. Kurz nachdem ich klingelte öffnete sie mir die Tür. Sie hatte ein kurzes Strickkleid an und trug dazu hohe Stiefel. Wie mir auffiel nutze sie immer noch das gleiche Parfüm. mit einem Lächeln bat sie mich herein und wir nahmen im Wohnzimmer Platz. Bei einer Tasse Kaffe plauderten wir über alte Zeiten und was sich in den letzten Jahren so ereignet hat. Ich erwischte mich dabei, das ich ihren Körper musterte. Sie hatte immer noch dieses gewisse etwas, was mich erregte. Langsam merkte ich, das die Hose in meinem Schritt eine große Beule aufwies. Unsicher rutschte ich im Sessel hin und her. Ich wollte ihr meine Gefühle gestehen, doch die Angst vor einer weiteren Absage ließen mich schweigen. Plötzlich stand sie auf, kam auf mich zu und in diesem Moment veränderte sich alles. Sie gab mir zu verstehen, wie froh sie war mich wieder zusehen, und würde mir nun alles geben wovon ich geträumt hatte. Langsam, aber doch zielsicher griff sie mir in den Schritt. Als sie merkte das mein Schwanz in voller Erwartung war, fielen alle Hemmungen. sie öffnete meine Hose und fing an, an meinem Schwanz zu saugen. Die Freude darüber ließen die Säfte in mir aufsteigen. Doch so schnell wollte ich noch nicht kommen. Ich wollte sie nun ganz spüren und den Fick meines Lebens erleben. Zu lange hatte ich darauf schon gewartet. Sie hob nun ihr Kleid und lies sich ganz langsam auf meinen Schwanz gleiten. Erst langsam und dann immer schneller bewegte sie sich auf und ab. Schon nach kurzer Zeit stiegen die Säfte in mir hoch und mit einem lauten Stöhnen spritzte ich ihr meine ganze Ladung in ihre Muschi. Danach verharrten wir noch einige Minuten in dieser Position. Glücklich und ein wenig enttäuscht über das schnelle Ende zog ich meinen immer noch steifen Schwanz heraus. Sie merkte mir die Enttäuschung wohl an und sagte mit einem Lächeln das der Abend noch lang ist. Dadurch ermutigt zog ich ihr das Kleid aus. Da stand sie nun vor mir, mit ihren fünfzig Jahren und nur mit den Stiefeln bekleidet. Mutiger geworden, nahm ich meinen Schwanz und steckte ihn in ihren Mund. Gierig fing sie an zu saugen, als wenn es das letzte Mal wäre. Nach kurzer Zeit merkte ich das ich komme. Ohne Vorwarnung schoss ich ihr meine ganze Ladung in den Mund. Sie kam mit dem schlucken nicht nach und so lief ihr ein teil aus dem Mund. Als sie mit dem schlucken fertig war leckte sie

meinen Schwanz sauber und wollte nun ihrerseits verwöhnt werden. Gern war ich bereit nun ihre Wünsche zu erfüllen. Nachdem ich ihre Fotze ausgiebig geleckt habe, bat sie mich ihren Hintern zu verwöhnen. etwas überrascht davon wurde sie nun dominanter. Das übertraf nun alles was ich mir je gewünscht habe. Langsam fing ich an ihr kleines Poloch zu verwöhnen. Ich steckte erst einen dann mehr Finger hinein. Ihr Stöhnen wurde darauf hin immer intensiver. Und dann setze sie sich mit ihrem Hintern auf meinen Schwanz. Langsam glitt er in ihren Arsch. In sorge ihr weh zutun bewegte ich mich nur langsam auf und ab. Doch schon nach kurzer Zeit war ihr geiler Arsch soweit geweitet, das ich nun begann sie immer härter zu ficken. Ihr lautes Stöhnen machte mich nur noch geiler und wir erlebten einen Orgasmus der nicht geiler hätte sein können. Zufrieden lagen wir nun beide im Bett neben einander. Wir beschlossen gemeinsam uns die nächsten Tage zu treffen und die verlorene Zeit nach zu holen. Dabei wollten wir alle unsere Bedürfnisse und Wünsche verwirklichen. Bevor ich nach Hause ging nahm sie meinen Schwanz noch mal in den Mund und sie durfte den Geschmack meines Spermas spüren.
Wir verabredeten uns für den nächsten Tag. Kurz bevor ich zu ihr fuhr rief sie mich an ob ich einen speziellen Wunsch für den heutigen Tag hätte. Da mir ihre Stiefel vom Vortag gefielen, bat ich sie, sich in Leder zu kleiden und meine dominante Lehrerin zu spielen. Wortlos nahm sie das hin und bat mich pünktlich zu sein. Da stand sie nun in Stiefeln und Lederdessous vor mir. Ich hätte nicht gedacht, dass eine Frau in ihrem Alter dazu bereit wäre. Und so durften wir dann noch einmal Schüler und Lehrerin sein, wie in alten Zeiten.
Seit diesen Tagen hat sich unser leben komplett verändert.

Wir leben nun zusammen in einer Wohnung und geben uns ganz unseren Gefühlen und Neigungen hin. Trotz ihres Alters ist es das Beste was mir passieren konnte. Ich hoffe wir werden noch viele schöne Tage erleben.

Verführt

Vor kurzem hatte ich, eine an sich ganz normale Ehefrau, ein besonderes Erlebnis. Meine Kinder veranstalteten mal wieder eine ihrer Parties. Ich verzog mich daher lieber in unser Gartenhaus am anderen Ende unseres großen Gartens. Wegen der Hitze trug ich nur ein kurzes Sommerkleid. Ich kann mir das ja bei meiner Figur auch leisten. Trotz meiner 45 Jahre war ich noch immer schlank und meine blonde Löwenmähne ließ mich auch deutlich jünger erscheinen. Ich war gerade dabei es mir gemütlich zu machen, als ich draußen Stimmen vernahm. „Mensch, die Schwester von Tom ist ein heißer Feger. Der würde ich mal gerne mein Rohr verpassen." Gott – die sprachen ja von Susi meiner Tochter. „Hast du die geilen Titten gesehen – der stehen ja die Nippel wie Schrauben ab" meinte der eine. Ich sah durch das Fenster und da standen die beiden direkt vor mir und waren am Pissen. Ich hatte ihre Pimmel direkt im Blickfeld. Sie wähnten sich scheinbar hier hinten alleine. Der Ältere hatte ein Ding in der Hand – so was hatte ich im Leben noch nicht gesehen. Das war kein Pimmel, das war wie eine Riesensalami. Der war in schlaffen Zustand gut 25cm lang und ich würde ihn nicht umfassen können. Mein Gott, wie würde der aussehen, wenn er richtig steif wäre. Der zweite Bursche hatte auch ein mächtiges Teil in der Hand, nicht so lang, aber mit enormen Umfang. Es fing an mich zu erregen, wie sie so vor mir standen mit ihren planken Pimmeln. Der eine junge Kerl hatte seinen Schwanz schon wieder in der Hose und war im Begriff zu gehen. „Brauchst noch lang?" „Kannst schon zugehen!" hörte ich sie reden.

Ich sah wie er seinen Mörderhammer ausschüttelte und plötzlich begann er ihn zu wichsen. Langsam fuhr seine

Hand auf und ab und ich sah wie sich sein Ding zu versteifen begann. Das gab es doch nicht, da wichste sich ein junger Mann direkt vor meinen Augen seinen Schwanz. Längst war meine Hand in meiner Bikinihose und reizte meine Klit. Ich hatte nur noch Augen für dieses enorme Glied vor mir. Urplötzlich überkam es mich und ich wurde von einem Megaorgasmus durchgeschüttelt. Als ich wieder meine Augen öffnete war der Junge verschwunden.

Einige Tage später läutete es bei uns und da stand der Junge vor der Tür und fragte nach meinem Sohn. Ich gab ihm zu verstehen, dass dieser erst in gut zwei Stunden zurück sei. Er bat mich freundlich warten zu dürfen, was ich ihm auch nicht abschlug.

Ich hatte in der Küche zu tun und er stand in der Tür und sah mir zu. „Na Frau Moll, wie hat ihnen letztens mein Schwanz gefallen?" Ich glotzte ihn an „Wie bitte?" „Nun ob es ihnen gefallen hat, als ich vor ihnen gewichst habe!" „Wovon sprichst du – was soll das?" entrüstete ich mich, wohlwissend, dass er mich hinter der Scheibe gesehen haben musste! „Wollen sie ihn mal ganz nah sehen – sie dürfen ihn auch gerne anfassen!" Dabei öffnete er seine Hose und liess sie samt Slip auf den Boden. Er stand unten ohne mit einem Mordsständer vor mir. „Was soll das – zieh dich an und verschwinde!" „Na komm schon ich habe doch durchs Fenster gesehen wie du es dir dabei gemacht hast. Und nun komm endlich her und wichs mir das Ding. Kannst ihn auch gerne blasen, der mag das!" Er nahm meine Hand und legte es auf sein steifes riesiges Glied. Ich war wie hypnotisiert. Langsam fuhr ich daran auf und ab. Er drückte mich an den Schultern auf die Knie und ich hatte das zuckende Monster vor meinem Gesicht. Ohne Widerstand nahm ich es in den Mund – ich dachte zu ersticken. Mehr als die grosse Eichel bekam ich nicht rein.

Ich saugte mit aller Kraft daran, da plötzlich schoß mir sein ganzer Saft an den Gaumen, er hielt mich fest, so dass ich alles schlucken musste. Es blieb immer noch steinhart – hatte der Junge eine Potenz. Er schob mir mein Shirt hoch und öffnete meinen BH. Sofort begann er meine Titten zu massieren. „Nicht schlecht – die sind ja noch ganz hart und fest – und schön groß. Er zwirbelte die Nippel und fasste mir zwischen die Beine. Ich war ja eh schon klitschnass und es tat mir gut wie mit die Muschi über der Jeans hart rieb. „Also Moni – so heisst du doch – ich hab keine Zeit mehr. Aber morgen hole ich dich ab und dann wirst du richtig geil durchgefickt! Und nun wichs noch schnell meine restliche Sahne raus – ich werde es dir auf die Titten spritzen!" Widerstandslos begann ich erneut diesen riesigen Schwanz zu wichsen. „Komm mach schneller und fass ihn ruhig härter an – der kann das brauchen. Da jubelt deine Muschi, wenn sie den reinkriegt – so was gibt's nicht alle Tage!" Dann spritze er schon los. Hoch bis auf meine nackten Titten! Der Rest klatschte auf den Boden. „Moni du bist ja echt gut, mal sehen wie du fickst – also dann morgen um 11 hole ich dich ab!" Er zog seinen Reissverschluß zu und ging. Was hatte ich getan – ich konnte es nicht glauben. All die Jahre war ich eine treue Ehefrau und nun so was. Ich konnte es nicht glauben – und was sollte das mit morgen! Es durfte sich nicht wiederholen – nein auf keinen Fall!

Die Schwiegermutter

Lange hab ich nichts davon gesagt, aus Angst ausgelacht zu werden und auch das es der Schwiegervater erfährt. Aber jetzt-viele Jahre später und nicht mehr mit meiner Ex zusammen, denke ich kann ich es euch erzählen.

Alles begann in einer Nacht als ich auf's WC musste... Wir (meine Ex und ich) wohnten zeitweise bei meinen Schwiegereltern, da unsere Wohnung gerade renoviert wurde. Ich hatte schon als Kleinkind "Probleme" mit Schlafwandeln, hatte sich zwar in der Purbertät gelegt war aber, wie ich feststellen musste, nicht ganz vorbei.

Also von vorn. Ich hatte am abend Sex mit meiner Freundin und zufrieden schliefen wir-natürlich nackt- ein. Als ich-eben wie gesagt- mitten in der Nacht auf's Wc bin, überkam mich der Schlafwandel. Statt in unser Zimmer zurück zukehren bin ich in das Elternschlafzimmer gewandelt. Ich ging ans Bett meiner Schwiegermutter, setzte mich auf die Kante und meinte sie solle ein wenig rutschen... Auch Sie im Schlaf, tat dies und ruschte zu ihrem Mann rüber. Erst als sie ihren Arm um meine Körper schlung merkte der Vater was geschah. Er schickte mich aus dem Zimmer-ich ging noch immer im Schlafwandel an "meinen Platz" zurück und die Sache erschien erledigt... Bis am nächsten Morgen-am Frühstückstisch kam das Thema auf, und mir war es unheimlich peinlich. Dabei bemerkte ich wie meine Schwiegermutter mich ganz verschmitz ansah... Tage vergingen und die Sache war eigentlich schon vergessen. Als wir endlich unsere Wohnung beziehen konnten, halfen uns die die Eltern und auch beim einrichten. Es war warm und so war es nicht selten wenn ich beim Möbelrücken nur in Shorts bekleidet war. Mit meinem sportlichen Körper machte ich auch bei meiner

Schwiegermutter eine gute Figur und bei unseren vorangegangenen FKK-Besuchen konnte sie sich überzeugen das ich nichts zu verbergen habe. Noch besser -hat sie das in der besagten Nacht gefühlt-wie sie mir später erzählte... Die Tage vergingen-unsere Wohnungen waren Haus an Haus und die Eltern waren stätiger Besuch.

So kam es, das wieder einmal meine Schwiegermutter vor unserer Tür stand. ich war allein und meine Ex arbeiten Sie wollte helfen-die Wohnung zu dekorieren-meinte meine Schwiegermutter. Es wunderte mich schon das sie an diesem kühlen Tag nur mit einem Minirock und einer knappen Bluse bekleidet war -aber gut dacht ich mir. Sie war eine sexy Frau, schlank, ca 1,64cm und einen mittleren busen-ne wirklich tolle Frau -für ihr Alter und 2 Kinder. Sie half, wo es nur ging-scheute die Arbeit nicht und war auch keineswegs auf ihr Outfit bedacht. sie bückte sich-streckte sich und ich hatte die intimsten Einblicke. Als ich sie ansprach das das sie einen sehr wohlgeformten Popo hat- fragte sie mich ob ich ihr gefalle. Ich musste nichts mehr sagen-sie schaute auf meine Hose und kannte die Antwort.

Wir fielen uns, wie im Trance in die Arme, küssten uns und rieben unsere Körper aneinander. Meine Hände wanderten - genau wie ihre- nach oben bis zum gesicht und wieder ab bis unters Gesäß- Jeden Zentimeter ertastenten wir. Plötzlich schob sie mich weg und sagte: "Erschreck nicht vor dem, was du gleich siehst oder besser fühlst..." Was sollte ich noch erfühlen? Das sie weder BH noch Slip trug-habe ich schon bemerkt. Aber tatsächlich-ganz keck hob Sie ihren Mini und ich musste schlucken. Sie war komplett rasiert, nackig und weich wie ein Babypo oder anders-genau wie die Muschi ihrer eigenen Tochter. Ich setzte meinen Mund auf den weichen Hügel und gab ihr einen Kuß. Mein

Mund öffnete sich leicht und meine Zunge fing an über den Hügel zu kreisen. Der Radiuns wurde größer und meine Zungenspitze berührte den Anfang ihrer Spalte. Ein tiefer Seufzer bestägtigte mir, das sie das genau so gern hatte wie ihre Tochter. Ich ließ meine Zunge wandern und umkreiste bald nur noch Ihre Schamlippen-genau wie deren Formen es mir vorgaben. Sie lehnte an Der Couch und liess den Kopf in den Nacken fallen. Mir zeigte das Ihre Lust und Verlangen auf mehr. Meine Shorts glichen einem Zelt und ich wollte meinen Speer versenken,aber ich genoss es aus den Augenwinkeln zu sehen wie sie sich räkelte unter meinen Zungenspielen. Meine zunge wurde fordernder und kreiste immer fester um die Spalte. Dann hielt ich inne und liess meine Zunge ganz langsam von oben nach untern durch die Spalte gleiten. Ich muss wohl den Punkt getroffen haben, aus dem Seufzen wurde ein stöhnen. Ich wiederholte das Spiel, Ihre lippen gaben dem Druck meiner Zunge nach und sie gleitete immer tiefer durch Ihre Spalte. Immer feuchter wurde Sie-ich hatte den Eindruck es kommt ein Wall aus ihr raus, wollte aber nichts verschenken und saugte alles auf. Das Spiel wurde immer schneller, ich fickte sie förmlich mit der Zunge und ihr stöhnen intensiver. Sie spreizte die Beine fast endlos, nahm meinen kopf in die Hände und presste ihn förmlich in Ihre Grotte. Immer fester liess ich meine Zunge rein und raus flutschen. Ich bekam kaum noch Luft so fest presste sie meine Kopf bis sie verkrampft mit einem lauten fast endlosem schrei inne hielt. Dann kam es wirklich-ein Schwall von Muschisaft lief mir in und über den Mund. "Du hast es geschafft"- sagte sie. Sie hatte einen gewaltigen Orgasmus durch meine Zunge. Sie zog mich hoch und küsste mich auf den verschmierten Mund.
Als wir wieder zu uns kamen, war es uns fast irgendwie

peinlich. Ihr Mann war zu Hause und sie liess sich von meiner Zunge ficken.

Sie nahm meine Beule in die Hand und sagte: "ich muß gehen-aber ich komme wieder!!!... Schob ihren Rock runter knöpfte die Bluse zu und verschwand aus der Wohnung...

Der Geburtstag

Ältere Frauen machen mich schon immer etwas an, doch die Mutter meines Freundes hat es mir wirklich angetan. Sie heißt Margret und ist 55 Jahre alt. Sie hat rehbraune Haare ist vielleicht 1,70m groß und hat für ihr Alter eine Topfigur, da sie viel Sport macht. Ihr Busen ist nicht so groß und flach anliegend.

Nun zur Geschichte:

Mein Kumpel feierte seinen 18. Geburtstag. Seine besten Freunde waren anwesend und wir hatten auch alle viel Spaß und der Alkohol floß, wie in diesem Alter ganz normal, auch ziemlich gut. Mittendrin hatte ich das dringende Gefühl aufs Klo zu gehen. Die meisten gingen in den Garten, aber da ich wusste, das dass Haus offen war ging ich in Richtung Bad. Ich sah vom Gang aus, dass Licht im Bad war. Also öffnete ich die Türe einen kleinen Spalt. Was ich sah war einfach unglaublich. Margret kam nackt aus der Dusche und trocknete sich ab. Ihr Busen war wie schon beschrieben klein und flach anliegend und sie waren mit Sommersprossen bedeckt. Ihr Po schön rund und fest geformt und keine Spur von überflüssigem Fett. Das beste, ihre Möse, war schön säuberlich, wohl erst eben in der Dusche rasiert. Ich war total begeistert von dem Anblick und in meiner Hose wurde es hart. Ich wusste, dass ihr Mann nicht zu Hause war, denn er besitzt eine Firma und ist oft unterwegs und seine beiden Schwestern waren schon ausgezogen. Also packte ich wie von Sinnen meinen Schwanz aus und spielte an ihm hin und her. Doch auf einmal blickte Margret in meine Richtung und ich drehte mich schnell weg. Plötzlich schaute sie aus dem Bad und erblickte mich mit dem Schwanz in der Hand. Ich wurde rot wie eine Tomate und Margret zog mich ins Badezimmer und sperrte ab. Ich dachte, jetzt bin ich geliefert. Aber dem war nicht so: "Was machst du hier?", fragte sie mich. Ich stammelte vor mich hin und sagte nur ca. 100 Mal dass es mir Leid täte. Dann entgegnete sie mir: „Ist doch nicht so schlimm, aber du bist ziemlich erregt?!" „Ja schon aber du bist eben wirklich eine Klasse Frau finde ich Margret", sagte ich. Sie bat mich näher zu ihr zu kommen. In mein Glied schoss literweise Blut so dick war er. „Dann wollen wir den Patienten mal genauer anschauen",sagte sie. Sie schob meine Vorhaut zurück und spielte mit ihrer Zunge genüsslich an meiner Eichel. Sie umkreiste und knabberte ganz leicht an ihr. Dazu kam noch ein geiles Saugen. Sie nahm meinen Penis immer weiter in den Mund und fickte ihn mit diesem. Ich sagte zu ihr dass ich gleich soweit sei und plötzlich hörte sie auf. „Du spritzt jetzt noch nicht ab! Jetzt bist du dran!!" Nun sollte ich ihre feuchte, reife Möse lecken. Als ich zu Besuch war, roch ich manchmal an ihrer getragenen Unterwäsche, die im Bad lag. Und als ich mit meiner Zunge in sie eindrang kam derselbe Geschmack hoch, der in ihrem Höschen war. Ich leckte sie wie ich es noch nie getan habe und sie schoß auch etwas Saft heraus. Nun fragte ich sie, ob sie noch fertig bläst und sie hat gesagt: „Nein, jetzt darfst du mich noch ein wenig ficken wenn du möchtest!" Ich war wie elektrisiert aber ich wusste um meine Chance und bat sie, sich auf den Rücken zu legen, so dass wir die Missionarsstellung machten. Doch ich war schon so weit, dass nach wenigen festen Stößen alles hochkam. Den ersten Schuss ließ ich in ihre Lustgrotte doch sie wollte dass ich den Rest in ihr Gesicht spritze. Also kamen noch vier, fünf große Schübe mit denen ich ihr Gesicht besamte. Sie leckte dann noch meinen Schwanz sauber und leer und ich hatte ein unbeschreibliches Gefühl. Sie sagte noch, dass bestimmt

bald wieder irgend ein Fest bei Ihnen sein würde und ich
bei Gelegenheit nochmals ran darf. Mit diesem
Glücksgefühl küsste ich sie noch mal innig und sie ging
wiederum in die Dusche und schickte mich vor die Tür, die
sie aber dieses Mal abschloss.
Ich ging danach wieder ganz normal zu meinen Kumpels
feiern und ich erzählte ihnen, dass ich nur eben frische
Luft geschnappt habe.
Seit diesem Erlebnis lass ich keinen Geburtstag mehr aus,
in der Hoffnung, noch mal so ein spritziges Glück zu haben!

Ein pädagogisches Date

Ich bin Tobias, 190cm, schlank, sportlich und als sich diese Geschichte zugetragen hatte war ich 18. Kurz bevor ich mit meiner Lehre angefangen hatte musst ich eine Ehrenrunde in einen Ausbildungszentrum drehen das waren immer 2 Wochen arbeiten und 3 Wochen schule jede klasse in diesem Zentrum hatte eine Sozialpädagogin und die von meiner klasse war eine sehr hübsche. Sie heißt Kathrin ist ca. 170cm, schlank auch sportlich hatte schöne runde strafe brüste, ein knackigen Po und war damals 35 Jahre alt. Ich hab mich immer sehr gut mit ihr verstanden so gut das sie mir am ende sogar das du angeboten hat. Na ja die eigentlich Geschichte passierte ein Jahr später als ich genau in diesem Ausbildungszentrum meine Lehre angefangen hatte ich hatte zwar einen andere Sozialpädagogin aber ich hab Kathrin manchmal getroffen allerdings waren es meistens nur kurze Gespräche. Eines Tages kam sie kurz vor der Mittagspause in die Werkstatt und sagte zu mir ich soll dann in der Pause an ihrem Auto auf sie warten, ich wartete dann einige Minuten an ihrem Auto bis sie endlich kam, sie fragte ob ich nicht Lust hätte mit ihr bei McDonalds zu essen das praktischer weise nur 2 Minuten mit dem Auto entfernt war. Ich konnte da natürlich nicht nein sagen also sind wir los gefahren, bei McDonalds angekommen hab wir gegessen und uns ein bisschen über dies und das Unterhalten bis sie mich fragte ob ich sie mag, für mich kam die frage etwas Überraschend aber ich antwortete gleich mit ja. Darauf hin fragte ich sie ob sie mich den auch mag, sie wurde rot und sagte etwas schüchtern ja ich glaube sogar mehr als nur mögen. Wie darf ich das jetzt verstehen fragte ich darauf hin und sie sagt sie hat sich in mich verliebt. Innerlich hatte ich mich riesig gefreut weil ich genau das gehofft hatte aber auf der anderen Seite bin ich 20 Jahre Jünger als sie. Irgendwie hab ich diesen Gedanken verdrängt und sagte ihr dass ich mich auch in sie verliebt habe. Darauf hin sah sie mich überglücklich an und küsste mich plötzlich, ich zögerte erst etwas und hab dann mein mund für ihre Zunge geöffnet. So küssten wir uns einige Minuten bis sie sagte ich soll nicht so schüchtern sein, sie griff meine Hand und führte sie zu ihrer Brust. Ich lies mir die Chance nicht entgehen und führe meine unter das T-Shirt schob ihren BH leicht nach oben und Massierte ihre Brust. Die Leute vom Nachbartisch schauten uns leicht entsetzt an und ich bin von der Situation geil geworden so das sich in meiner Hose ein Zelt aufbaute, Kathrin hatte das bemerkt, lächelte mich an und zerrte mich am arm aufs Damenklo und stieß mich in eine der Kabinen. Sie küsste mich noch einmal und kniet sich vor mich, zog mir die Hose und die Boxershorts runter. Nun hatte sie diese prächtige 18x5cm Latte vor der Nase sie nahm in die die Hand wichste ihn ein wenig bevor sie anfing mit der Zunge meine Eichel zu lecken und zu Lutschen, sie lutschte an meiner Eichel wie an einen Lutscher was ein sehr geiles Gefühl war und ich mich schon sehr zusammen reisen musste. Dann fing sie an am Stamm nach unten zu lecken und lutschte meine Eier. Die Lusttropfen die sich an den Spitzen bildeten hat sie sofort abgeleckt. Dann hat sie versucht ihn komplett in den Mund zu bekommen was dann auch für mich etwas zu viel war und ich ihr die komplette Ladung in den Mund Spritze. Sie schluckte alles und leckte mein Schwanz sauber sie sah mich küsste mich und sagte so was will sie immer zum Mittag haben. Ich lachte und sagte wir können ja gleich weiter machen, doch wir mussten wieder zurück. Wieder im Ausbildungszentrum angekommen taten wir so als währ nix

24

passiert jeder machte ganz normal weiter. Am nächsten Tag bin ich etwas früher gekommen da die Arbeitszeit ja erst um halb 8 beginnt bin ich mit einem Zug früher gefahren und war schon halb 7 da. Ich wusste das sie auch immer schon etwas früher da war, ich lief zu ihrem Büro und die Tür stand offen aber keiner war da ein bisschen weiter hinten im gang ist die Küche von der eindeutig ein paar Geräusche kamen ich bin hingegangen und da stand sie extra luftig angezogen. Ein Rock bis zu dem Knien und nur ein T-Shirt ohne BH darunter, sie sah mich an und sagt „guten morgen süßer"; ich lächelte und sagte „hallo"; sie dreht sich wieder und schenkte sich Kaffee ihre Tasse. Ich kam von hinten näher umarmte sie und küsste sie im Nacken, dreht ihren Kopf seitlich leicht nach hinten und fing an sie innig auf dem Mund zu küssen. Unsere Zungen fingen an miteinander zu spielen und unser Speichel vermischte sich. Ich presste mein Becken gegen ihren Po und sie spürte dass in meiner Hose schon eine Beule war. Sie ließ von mir ab, sah auf die Uhr und sagte nur das wird aber knapp. Eine eindeutigere Einladung konnte sie mir nicht machen. Ich griff unter ihren Rock und zog ihren Tanga nach unten, kniete mich hin, schon ihren Rock nach oben und begann von hinten ihre Pussy zu lecken. Ich zog ihre Schamlippen etwas auseinander, bohrte meine Zunge leicht in ihr Loch rein und begann zu schlecken. Sie war schon sehr nass und fing auch gleich an leicht zu Stöhnen. Ihr Geschmack war einfach wundervoll. Sie drehte sich um und spreizte ihre Beine etwas weiter auseinander. Ich drückte einen Finger in ihre Pussy und fingerte sie leicht während ich mit der Zunge ihren Kitzler verwöhnte. Ihr stöhne wurde deutlich Lauter. Wodurch ich noch einen zweiten Finger dazu nahm und sie kräftig und schnell fingerte. Sie fing an immer lauter zu stöhnen „jaahh mach’s mir schneller ahhhh jaaahhh"; , sie wurde wacklig auf den Beinen und begann zittern „jaaahh ich komme ahhh"; , sie hatte ihren Orgasmus bekommen und ihr Ejakulat lief rechts und links den Beinen herunter. Sie zog mich am Arm nach oben küsste mich, öffnete mein Hose, nahm meinen Schwanz in die Hand rieb ihn an ihrer tropfend nassen Pussy und sagte „jetzt will ich den in meiner Fotze spüren"; . Ich hob sie auf den Tisch und rieb mit meiner Eichel an ihrer Spalte entlang, sie sah mich gierig an und biss sich dabei auf ihre Unterlippe. Ich setzte mein Eichel am Loch und schob den Prügel langsam in ihr Loch, sie stöhnte leicht auf und sagte „los fick mein enges Fötzchen schön durch"; ich bewegte mich erst langsam rein und raus, wurde dann aber immer schneller so das mein Becken richtig gegen ihre Schenkel klatschten, sie fing an richtig laut zu werden und ich merkte das sie etwas empfindlicher ist. Sie umklammerte mein Becken mit ihren Beinen zog mich ganz ran küsste mich und sagte mit leicht wässrigen Augen „es ist schon lange das ich so gut gefickt wurde"; , ich lächelte und hob sie vom Tisch. Ich drehte sie um und stieß ihren Oberkörper auf den Tisch, sie spreizte die Beine etwas und ich drücke meinen Schwanz von hinten in ihre nasse Pussy. Ich fing gleich an sie hart und schnell zu stoßen allerdings war es so geil ich es nicht mehr lange aushalten konnte „ich komm gleich"; stöhnte ich zu ihr worauf sie sagte „ja spritz mir deinen geilen Saft tief in meine Muschi"; in dem Moment fing sie wieder an zu zucken und schrie „jaaah ohh jah ich komme auch hmmm"; durch das zusammen zucken ihrer Pussy konnte auch ich mich nicht mehr zurück halten ich stöhnte auf und spritzte ihr eine kräftige Ladung in die Pussy. Ich ließ ihn noch eine weile stecken bevor ich in raus gezogen hatte. Sie drehte sich um kniete sich vor mich und leckte ihn mir noch sauber. Plötzlich hörten wir wie sich die eingangs Tür öffnete wir erschreckten uns ich zog schnell meine Hose hoch und sie ihren Rock runter, ich griff ihren Tanga und stopfte ihn fix in meine Hosentasche. Ich setzte mich auf den Stuhl und sie goss Kaffee in eine Tasse, die Tür öffnete sich und der Hausmeister kam herein. Er sah mich an und fragte „was ist den hier los";, Kathrin drehte sich um sagte „nichts Tobias war schon etwas früher hier da ich ihm einen Kaffee angeboten"; er sah mich an, lachte und sagte „ich komme später auch auf eine Tasse vorbei"; und ging wieder. Kathrin war erleichtert als er den Raum wieder verlassen denn aus ihrer Pussy tropfte noch mein Sperma. Sie wischte es sich ab zog ihren Tanga an und sagte „es ist besser wenn du jetzt erstmal gehst";, ich sagte „schade ich hätte noch auf eine 2 Runde Lust";, daraufhin gab sie mir einen Kuss und sagte „der Tag ist ja noch lang"; ich lächelte und lief in meine Werkstatt. Eine halbe Stunde vor Feierabend kam sie in die Werkstatt und fragte den Meister ob sie mal jemanden mitnehmen kann sie müsste ein paar Sachen in umräumen. Mein Meister hatte kein Problem damit und sagte sie soll sich einen aussuchen. Die Wahl ist natürlich auf mich gefallen. In ihrem Büro angekommen sagte sie zu mir „ich bin die letzte hier unten und den Hausmeister hab ich schon wegfahren sehen das heißt wir haben zeit für eine zweite runde";, sie zog mich an den Hosentragern zu sich und küsste mich, sie ließ die hosenträger aufschnappen und zog die Hose runter. An meinen Boxershorts konnte sie sehen das dass Zelt schon wieder zur hälfte aufgebaut war. Sie kniete sich vor mich und zog die Shorts runter, nahm mein Schwanz in die Hand wichste ihn ein wenig und begann meine Eichel zu lecken, dann nahm sie ihn bis zur hälfte in den Mund ich spürte wie meine Eichel an ihrem Gaumen entlang rieb, was mich natürlich sehr aufgeilte und ich es nicht mehr zurückhalten konnte. Ich stöhnte auf und sagte „ich komme"; in dem Moment spritze ich ihr auch schon die Ladung in dem Mund. Sie schluckte es schmatzend und sagte „deine Saft schmeckt mir besonders gut";, ich sagte „ ja und jetzt bin ich dran";. Ich zog ihr das T-Shirt aus zog sie nach oben, küsste sie, massierte ihre Brüste und zwirbelte mit Daumen und Zeigefinger ihre Nippel. Dann öffnete ich ihren Rock und zog ihn mit dem Tanga nach unten, sie setzte sich auf den Tische und spreizte ihre Schenkel weit auseinander. Ich spreizte ihre Schamlippen etwas auseinander und begann wieder die Spalte etwas zu lecken, es dauerte nur wenige Sekunden und sie war wieder triefend nass ich schob zwei Finger in ihr Loch und fing gleich an sie etwas schneller zu Finger worauf sie gleich wieder anfing lauf auf zu stöhnen dazu verwöhnte ich ihren Kitzler noch etwas mit meiner Zunge. Es dauerte nur wenige Minuten und sie bekam unter lautem Stöhnen einen Orgasmus, der Saft der ihr dabei aus der Pussy floss leckte ich sofort auf. Sie stand auf dreht sich um und beugte sich mit dem Oberkörper auf den Tisch und sagte „Das ist so geil mit dir Fick jetzt bitte meine Fotze"; doch als ich sie da so sah wie sie ihre Arschbacken mit den Händen auseinander zog und mir ihre kleine Rosette entgegen Streckte konnte ich nicht wieder stehen. Ich kniete mich hin und fing an ihre Rosette zu lecken ich umkreiste sie mit meiner Zunge und versuchte immer wieder sie ein wenig hinein zu pressen. Kathrin fand das wohl auch geil was sie durch leichtes Stöhnen bestätigte. Ich rieb ihre Rosette etwas mit Spucke ein und drückte langsam meinen Mittelfinger in ihr enges Arschloch, sie stöhne auf und sagte „sei bitte zärtlich mein Arschloch ist noch unbenutzt";, ich fand es toll das sie es auch wollte und fing an mein Finger etwas zu bewegen, zog ihn raus und steckte ihn wieder rein das Loch sich daran gewöhnt dann benutzte ich zwei finge ich lies sie rein gleiten einen Moment stecken so das die Rosette etwas gedehnt wird. Mein Schwanz war inzwischen schon wieder Einsatz bereit also lies ich erstmal von ihrer Rosette ab und sagte zu ihr „so jetzt bekommst in erstmal in deine geile Muschi"; ich setzte ihn an und drückt ihn gleich komplett rein, Kathrin stöhnte auf und sagte „oooh jaahh fick meine Fotze schön durch hmm"; was ich auch ohne wieder Worte gleich tat. Nachdem ich einige Minuten ihre Pussy fickte und sie schon wieder tropfend nass war nutzte ich das befeuchtete ihre Rosette, sie spürte es und sagte gleich „sei bitte vorsichtig wenn du ihn mir rein drückst"; ich sagte „ja ich bin zärtlich zu dir"; Ich setzte mein Schwanz und drückte ihn langsam und zärtlich stück für stück rein. „Ist es so in Ordnung"; sagte ich, sie stöhnte leicht und sagte „ja so ist es angenehm"; nachdem ich ihn komplett drin hatte lies ich ihn eine weile stecken damit sich ihr Loch daran gewöhnen konnte. Dann begann ich mit leichten Stößen ihr kleines Arschloch zu ficken. Dieses Gefühl war wirklich unbeschreiblich geil das es so Hammer eng war und ihr schien es auch sehr zu gefallen da ihr stöhnen langsam auch intensiver wurde. Ich wollte gerade anfangen etwas härter zu zustoßen als sie mich zurück drängte und mein Schwanz aus ihrem Arsch flutschte. Sie drehte sich um küsste mich und sagte „setz dich auf den Stuhl dort ich will dein geilen Schwanz noch ein bisschen reiten"; Ich setzte mich hin, sie platzierte ihre Rosette über meinen Schwanz und rutschte Langsam nach unter bis ihn komplett drin hatte sie sah mich an und sagte „dein Schwanz in meinen Arsch ist geiles Gefühl"; dann fing sie an mit dem Becken zu greisen und ich massierte ihre Brüste ein wenig. Nach einigen Minuten fing sie dann mein Schwanz richtig zu Reiten ihr Arsch klatschte immer wieder gegen meine Schenkel und ich sagte „ich halte das nicht lange aus dein Arschloch ist so geil eng, ich komme gleich";, worauf sie sagte „ja komm, spritz mir deinen geilen Saft in den Arsch"; und da kam aus auch schon in ein paar heftigen Spritzern pumpte ich ihr mein Sperma in den Darm, sie schrie auf und sagte „jaaah das ist ein geiles Gefühl dein warmen Saft in meinen Arsch zu spüren"; sie machte noch ein paar kreisende Bewegungen und blieb dann einfach nur noch still auf mir sitzen bis mein Schwanz wieder schrumpfte und von alleine aus ihrem Arsch flutschte. Sie sah mich total glücklich an und sagte „Arschficken ist geil das müssen wir öfters mal machen";, Ich lächelte und sagte „ja das werden wir";. In dem Moment probierte jemand die Tür zu öffnen die wir allerdings abgeschlossen hatten, wir waren ganz leise und taten so als wäre niemand da. Wir sahen aus dem Fenster und sahen meinen Meister der wohl nach mir sehen wollte. Am nächsten Tag war es mir etwas peinlich meinen Meister gegenüber aber er hatte ja nicht gesehen dass ich es war wenn da hat er nur etwas gehört. Doch plötzlich rief er mich in sein Büro, ich ahnte nichts gutes, doch er hat mir nur die Mitteilung gemacht dass wir auf Grund des schönen Wetters am Montag eine kleine Wanderung machen. Tja es hat halt doch was Gutes in einer Ausbildungsstätte seine Lehre zu machen. Da ist nicht jeden Tag nur arbeiten angesagt.

Die Macht

Wolf war ein junger Mann und ein hilfsbereiter netter
Junge, der allerdings auch seine sexuellen Fantasien hatte.
So stand er unheimlich auf reife Damen in klassischen
Miederwaren. Er schnitt aus alten Versandhauskatalogen
alle Bilder aus die noch Damen im Korsett, oder Hüfthalter
zeigten, denn er war der Meinung, daß eine Frau nur mit
Strümpfen gut gekleidet war. In seiner Freizeit ging er für
einen älteren Mann einkaufen und half ihm auch sonst im
Haushalt. Eines Tages ging er wieder zu dem alten Herrn,
aber es war nur seine Tochter da. Sie sagte ihm unter
Tränen, daß ihr Vater plötzlich verstorben sei. Wolf sprach
ihr sein Beileid aus und wollte schon gehen als sie sagte:"
Mein Vater sagte mir, daß du gern liest. Wenn du von seinen
Büchern welche haben willst, kannst du sie dir mitnehmen.
Ich brauche keine davon." Wolf nahm alle Bücher aus dem
großen Bücherregal mit die ihn interessierten. Als er eine
Schublade aufziehen wollte, klemmte diese. Er schaute
nach und entdeckte ein Buch, daß unter die Schublade
geklebt war. Er löste den Klebestreifen und schaute auf
den Buchtitel " Die unwiderstehliche Macht der Hypnose".
Er nahm das Buch mit und las es zu Hause sofort durch. In
dem Buch wurden Techniken der Hypnose geschildert die
einen Menschen sofort in Trance versetzten und ihn alle
Befehle ausführen ließen die der Hypnotiseur gegeben
hatte.
Am nächsten Tag wollte er die Sache ausprobieren und ging
in ein Geschäft für Damenunterwäsche und Miederwaren.
Die Inhaberin war eine vollschlanke Frau von ca. 55 Jahren
mit einer großen Oberweite. Er betrat das Geschäft und
fragte nach Damenstrümpfen, welche mit Stumpfhaltern
zu tragen wären.

Die Inhaberin wunderte sich sehr über den ausgefallenen Wunsch und sah Wolf tief in die Augen. Dieser befolgte alle Anweisungen aus dem Buch und innerhalb von einer Minute hatte er die Dame hypnotisiert.

Sie konnte und wollte sich vielleicht auch nicht dagegen wehren. Dann befahl er ihr das Geschäft abzuschließen und die Jalousien herabzulassen. Sie tat es sofort. Er war sich aber noch nicht sicher und fragte sie erst allgemeine Dinge, wie Namen und Vornamen, ihr Alter und ähnliche Dinge. Sie antwortete auf alle Fragen wahrheitsgemäß. Dann fragte er was sie für Unterwäsche anhätte. Sie sagte:" Ich trage einen hautfarbenen BH, einen normalen Slip und darüber eine hautfarbene Miederhose, sowie ein weißes Unterkleid". Er befahl ihr aus dem Regal ein weißes Korsett mit 4 Strumpfhaltern und ein Paar braune Strümpfe in ihrer Größe zu nehmen. Sie drehte sich um und sucht das Gewünschte heraus und zeigte es ihm. Das Korsett war unten offen, hatte auf der Vorderseite einen Reißverschluß und die Körbchen für die Brüste waren mit Spitze verziert und leicht durchsichtig. Die Strümpfe waren ganz alltäglich ohne Spitzenrand. Er sagte:" Gehen sie in eine Umkleidekabine und ziehen sie sich das Korsett und die Stümpfe an. Wenn sie fertig sind, rufen sie mich und bitten mich darum das ich sie betrachte. Sie nahm wortlos das Korsett und die Strümpfe und ging in eine Kabine. Nach ca. 5 min. rief sie:" Junger Mann, kommen sie bitte und betrachten sie mich bitte". Er trat vor die Kabine und sah die schöne Dame in dem Korsett mit Strümpfen stehen. Durch die Spitzenkörbchen schimmerten ihre Brustwarzen, welche sich verhärtet hatten und sich durch den Stoff drückten. Er sagte:" Drehen sie sich damit ich sie von allen Seiten betrachten kann!" Sie drehte sich einmal um die eigene Achse und blieb dann wieder stehen. Nun sagte er:"

Heben sie das Korsett vorn etwas an damit ich ihre Muschi sehen kann". Sie tat es und er sah ihre üppige Schambehaarung. Das gefiel ihm nicht so gut und er sagte zu ihr:" Ich komme morgen wieder in den Laden und bis dahin haben sie ihre Schamhaare entfernt. Nur über ihrem Kitzler dürfen sie einen schmalen Streifen stehen lassen. Wenn ich morgen komme fallen sie sofort wieder in Trance und schließen wie heute den Laden ab. Danach gehen sie in eine Kabine und ziehen sich dort einen hautfarbenen Hüfthalter, braune Strümpfe wie heute und einen hautfarbenen BH mit durchsichtigen Körbchen an . Danach rufen sie mich wie heute". Nach dem er diesen posthypnotischen Befehl in ihrem Unterbewußtsein verankert hatte sagte er:" Ziehen sie jetzt wieder ihre alten Sachen an und räumen sie das Korsett und die Strümpfe weg. Danach erwachen sie aus der Hypnose, können sich an nichts erinnern und ich verlasse den Laden". Genauso geschah es. Die Dame zog sich um, räumte das Korsett und die Strümpfe weg und erwachte. Wolf sagte nur:" Auf Wiedersehen" und verließ das Geschäft. Auf dem Heimweg dachte er voller Dankbarkeit an den alten Mann , dem er das Buch zu verdanken hatte.

Am nächsten Tag ging er wieder zu dem Miederwarengeschäft. Zuerst schaute er durch das Schaufenster ob eventuell Kunden im Geschäft waren. Als das nicht der Fall war betrat er das Geschäft. Die Inhaberin schaute ihn an und ihre Augen bekamen einen glasigen Ausdruck. Sie ging an ihm vorbei um die Eingangstür zu verschließen. Dabei streifte sie mit ihrem großem Busen den Arm von Wolf. Sofort reckte sich sein Schwanz in der Hose und er war gespannt auf das weitere Geschehen. Die Dame trat vor ein Regal und nahm dort die Miederwaren wie gewünscht heraus und betrat eine

Umkleidekabine. Kurz darauf rief sie wieder:" Junger Mann kommen sie und betrachten mich bitte". Er trat vor die Kabine und betrachtete sie in ihren wunderschönen Miederwaren. Der Hüfthalter hatte hatte vorn einen rautenförmigen Spitzeneinsatz durch den man ihre Muschi erahnen konnte. Der durchsichtige BH konnte ihre Brüste kaum bändigen und er konnte sehr deutlich ihre Brustwarzen erkennen. Er sagte zu ihr:" Drehen sie sich um und bücken sie sich, damit ich ihre Muschi von hinten sehen kann". Sie tat es und er sah das sie ihre Muschi wie gewünscht rasiert hatte. Sie hatte dicke Schamlippen welche schon ein wenig auseinanderklafften. Er befahl ihr die Schamlippen auseinander zu ziehen und ihren Kitzler zu streicheln. Sie tat wie ihr befohlen und hatte schon bald einen schönen Orgasmus. Der Mösensaft lief ihre Schenkel hinab und wurde von den Strümpfen aufgesaugt. Als ihre Erregung etwas abgeklungen war sagte er:" Setzen sie sich auf den Hocker in der Kabine, spreizen sie die Beine und dann fragen sie mich untertänigst ob sie mich oral befriedigen dürfen". Sie setzte sich breitbeinig auf den Hocker und fragte devot:" Junger Herr, darf ich sie bitte oral befriedigen?" Er sagte:" Ja" und trat mit heruntergelassener Hose und schon steifem Schwanz vor sie hin. Sofort öffnete sie den Mund und leckte zuerst seinen Schwanz von oben bis unten ab. Danach nahm sie seine Eichel ganz in den Mund und fing schön langsam mit saugenden Bewegungen an. Wolf gefiel diese Behandlung außerordentlich gut und um seine Erregung noch zu steigern griff er ihr an die Brüste und reizte ihre Brustwarzen nach dem er sie aus dem BH herausgehoben hatte. Dann sagte er zu ihr:" Streicheln sie mit einer Hand meine Hoden und spielen sie mit der anderen Hand an ihrem Kitzler". Sie tat sofort wie ihr befohlen wurde. Als Wolfs

Erregung am Höhepunkt angekommen war, spritzte er ihr sein Sperma erst in den Mund und dann auf die Brüste. Dann sagte er zu ihr:" Schlucken sie das Sperma in ihrem Mund und verreiben sie das auf den brüsten schön auf der Haut. Danach lecken sie meinen Penis schön sauber und bedanken sich bei mir für die schöne Behandlung". Sie tat sofort wie ihr geheißen und leckte seinen Penis schön sauber. Danach sagte sie:" Vielen Dank, junger Herr, Daß ich sie befriedigen durfte".
Nach diesem schönen Erlebnis wollte Wolf versuchen ob er seine Fähigkeiten zur Hypnose nicht auch innerhalb der Familie ausnutzen sollte.

Zwei ältere Damen

Ich wohne bei meiner Oma. Unsere Wohnung war nicht sehr groß, mein Zimmer lag neben dem Bad mit der Toilette. Mein Name ist Tobias und ich bin 22-jährig.

An dem betreffenden Tag hatten meine Oma Geburtstag und Besuch von mehreren Schulfreundinnen. Ich selber war in meinem Zimmer mit einem Computerspiel beschäftigt dabei stand die Türe auf, so dass ich mehr vom Geschehen mitbekam.

Irgendwann im Laufe des Nachmittages kam einer der Freundinnen, um auf die Toilette zu gehen. Sie kam kurz zu mir herein und fuhr mir über meinen blonden Lockenkopf. Sie war wohl schon etwas älter als meine Oma, hatte große Brüste und die ersten Fältchen im Gesicht waren schon zu sehen. Sie trug einen engen Rock in dem sich ihr rundlicher Po gut abzeichnete. Dann beugte sie sich zu mir und drückte sich fest an mich. Ich spürte ihre Titten an meinem Arm und ich konnte einen Blick in ihren Ausschnitt genießen „Du bist in letzter Zeit aber ordentlich gewachsen", sagte sie und verschwand flink hinter der Toilettentür,die sie einen Spalt offen ließ. Mein Schwanz wurde sofort steif und drückte in der Hose! Ich hörte leises Stöhnen aus dem Bad. Leise schlich ich mich aus meinem Zimmer und blickte zum ersten mal neugierig durch den Spalt in der Tür. Genau im Blickfeld vor mir lag die Toilette und die Freundin meiner Oma saß breitbeinig auf der Brille und fuhr sich durch ihren haarigen Busch zwischen den Beinen. Ich schaute das erste mal in den intimen Bereich einer Frau und konnte gar nicht genug davon bekommen. Der Anblick fesselte mich richtig. Um zwei Ecken herum hörte ich wie im Wohnzimmer laut gesprochen und gelacht wurde. Sorgen erwischt zu werden, machte ich mir daher nicht, denn dass meine Handlung nicht ganz richtig war, war mir irgend wie klar. Ganz nah rückte ich mit den Augen an den Türspalt, damit mir nichts entging. Die Freundin nahm nun beide Hände, fuhr sich zwischen die Beine und zog die Haare auseinander. Ich blickte zum Ersten mal auf die Schamlippen einer Frau, dick geschwollen und gerötet ragten sie mir entgegen. Mit Zeige- und Mittelfinger der linken Hand diese spreizend, fuhr sie sich mit der rechten durch die Furche die sich dort bildete. Feuchtigkeit glänzte zwischen den Lippen und ich konnte beobachten wie die Freundin meiner Oma zwei Finger in diese Furche schob. Die Finger verschwanden ganz in ihr. Nun sah ich wie sie die beiden Finger fortwährend heraus zog und wieder in sich verschwinden ließ. Wie gebannt starrte ich auf das Geschehen vor mir. Das erst leise Stöhnen wurde immer lauter und kam immer schneller. Auf einmal sah ich, wie die Freundin meiner Oma sich heftig über ihre Hände pisste, und die Beine noch weiter von sich spreizte. Dabei musste ich feststellen, dass es auch in meiner Hose nass geworden war, ein neues unbekanntes Gefühl hatte sich in mir ausgebreitet. Ich befürchtete schon, dass die Freundin meiner Oma dabei intensiv in Richtung des Türspaltes geschaut hätte. Doch allem Anschein war ich nicht entdeckt worden sonst wäre sicherlich eine Reaktion erfolgt. Ich sah wie die Freundin meiner Oma kurz an ihren Händen roch diese gegeneinander trockenrieb und dann aufstand. Es war höchste Zeit für mich meinen Beobachtungsplatz zu verlassen. Mit erhitztem Kopf zog ich mich schnell in mein Zimmer zurück. Unmittelbar darauf ging die Tür auf. Die Freundin meiner Oma kam wieder in mein Zimmer. Mit beiden Händen fuhr sie über mein Gesicht wobei sie länger im Bereich meines Mundes und meiner Nasen verblieb. Ich vernahm zum ersten Mal diesen unvergleichlichen Duft der einer Furche entströmt, sie strich mir über die Haare und sagte: " Du bist ja so ein schöner und braver Bursche, deine Oma kann mächtig stolz auf dich sein, nun sei noch ein richtiger Kavalier und gib Tante Inge (so bezeichnete sie sich) einen anständigen Handkuss." Dabei hielt sie mir die Handflächen hin. - Hätte ich gezögert wäre sie sicherlich stutzig geworden. Also küsste ich die Hände über welche sie gerade erst gepisst hatte. Zum Ersten mal hatte ich den Geschmack weiblicher Pisse auf meinen Lippen. Tante Inge drehte sich um und ging. Nun zog es mich zur Toilette ich musste meine nasse Unterhose los werden. Als ich mich entblößte sah ich weiße glibberige Masse in meiner Hose. Kein Wunder, dass mein Saft bei dem Anblick hervorgequollen war!. Ich will hier nicht verschweigen, dass ich auch noch an der Brille roch und einige gelbe Tropfen von Tante Inge - die auf der Brille waren - mit der Zunge aufnam. Es schmeckte geil und ich leckte genüsslich über die Lippen! Das wollte ich nun auch bei mir probieren, überprüfte ob die Tür auch abgeschlossen war und setzte mich aufs Klo. Nach einigem Drücken kam auch die Pisse und ich hielt meine Hand in den Strahl! Ich führte die nassen Finger an den Mund und wurde doch leicht enttäuscht! Der Geruch und Geschmack war nicht derselbe! Also musste es an Tante Inges Furche gelegen haben! Ich verließ schnell das Klo und ging in mein Zimmer zurück. Nun war mir das Computerspiel egal und ich begann fieberhaft darüber nachzudenken, wie ich wieder an Tante Inge kam. In meiner Aufregung hatte ich mir nach dem Pinkeln nicht die Hände gewaschen, aber als ich es gerade nachholen wollte, hörte ich wie sich die Geburtstagsrunde aufzulösen schien. Tante Inge stand plötzlich in meinem Zimmer und sagte: „ich wollte mich nur noch schnell von Dir verabschieden!" Dabei nahm sie mich wieder wie selbstverständlich in den Arm und drückte ihren mächtigen Busen gegen meinen Körper. Mit der Hand strich sie über meine Wangen. Ich drehte meinen Kopf so, dass ich an ihre Hand kam und sog den immer noch kräftigen Duft tief ein. Sie löste sich von mir und schaute mir mit einem seltsamen Ausdruck tief in die Augen. Ohne genau zu wissen was ich tat, hielt ich ihr meine nach meiner Pisse riechenden Hand unter die Nase. Ich hörte, wie sie die Luft einzog. Sie nahm meine Hand in ihre und führte sie zu ihrem Mund. Während sie mir immer noch in die Augen sah, öffnete sie ihren Mund und leckte zwischen meinen Fingern. Von draußen hörte ich, wie sich die Anderen verabschiedeten und wir standen wie verzaubert uns gegenüber und sagten kein Wort. Und dann geschah etwas für mich Unerwartetes: sie nahm meine Hand und legte sie auf ihren Busen!! Langsam streichelte ich über diesen Berg und war so weggetreten, dass ich gar nicht bemerkte, dass Oma sich meinem Zimmer näherte! Tante Inge drehte sich abrupt um, und sagte meiner Oma als sie in das Zimmer kam: „Ich habe mich nur von Deinem Prinzen verabschiedet, vielen Dank für den schönen Nachmittag! Ich hoffe wir sehen uns bald wieder!"Während ich Tante Inge nachstarrte, merkte ich gar nicht, dass mich meine Oma neugierig von oben bis unten betrachtete und dabei mit ihren Augen an meiner sehr ausgeprägten Beule in der Hose kurz verweilte. „Jaa ..." sagte sie Gedanken versunken zu Inge, „Ich bin sicher, wir sehen uns bald wieder! Komm ich begleite Dich zur Tür". Ich stand noch wie benommen am selben Fleck, als meine Oma zurück in mein Zimmer kam. „Na, ich hoffe meine Freundinnen haben Dich nicht sehr gestört?!" ich schaute Omi an und merkte, wie mein Gesicht zu glühen begann."Warum wirst Du den so rot im Gesicht?

Ist irgendetwas geschehen, von dem ich nichts weiß?" Nun wusste ich gar nicht mehr was ich sagen sollte. All diese neuen Eindrücke waren für mich zu viel! Omi nahm mich in den Arm und strich mit der Hand beruhigend über meinen Kopf. Ich legte dabei meinen Kopf auf ihre Schulter und merkte,dass ich dabei etwas ganz Anderes empfand, als noch heute morgen! Plötzlich hatte Omis Brust einen ganz anderen Stellenwert! Ich spürte meinen steifen Pimmel in der Hose, der anstatt zu schrumpfen immer härter wurde! Ich weiß nicht wie lange wir so eng umschlungen in meinem Zimmer standen, ich hörte auf einmal nur Omi wie durch einen Nebel sagen :"komm mein Schatz, wir gehen erst einmal ins Wohnzimmer, da kannst Du noch etwas Kuchen essen und wenn Du willst unterhalten wir uns danach über Deine `Erlebnisse´, magst Du?" „Ja" sagte ich nur und Omi nahm mich an der Hand und wir gingen ins Wohnzimmer."Nimm ein Stück von der Torte Du magst sie doch so gerne" und sie legte mir ein großes Stück auf den Teller. Ohne Omi anzuschauen begann ich den Kuchen zu essen. „Hat Dich Tante Inge so durcheinander gebracht, dass Du mich nicht mehr anschauen kannst?" Langsam hob ich meine Augen vom Teller und schaute Omi in die Augen. Ich wollte ihr so viel sagen, alles was durch meinen Kopf ging wollte ich loswerden, aber bekam vor Scham nichts heraus! Omi merkte welch ein Chaos in meinem Kopf herrschte und sagte sanft: „erzähl mir wenn Du willst, was Du erlebt hast, vielleicht kann ich Dir helfen!" Mein Kopf glühte und um es ein wenig zu verbergen setzte ich mich neben Omi aufs Sofa und kuschelte mich in ihren Arm. „Ich habe bemerkt, dass Du in deinem Zimmer eine ziemliche Beule in der Hose hattest, als Du mit Inge alleine warst, sag mir bitte weshalb!", dabei strich Omi mir die Haare aus der Stirn. Weil ich nicht wusste, wie ich anfangen sollte und mir alles so peinlich war blieb ich stumm."Hat Inge etwa was unanständiges gemacht?", fragte Omi nach einer Weile. Ich schüttelte verneinend mit dem Kopf und vergrub mich tiefer in Omis Busen. Wieder spürte ich meinen Pimmel in der Hose wachsen und in mir stieg ein Verlangen ihren Busen zu streicheln aber ich wagte es nicht. „Hat sie Dir etwas gezeigt?" bohrte Oma weiter. Wieder schüttelte ich mit dem Kopf und dann ... es sprudelte nur so aus mir heraus , erzählte ich ihr alles was passiert war! Ohne mich zu unterbrechen hörte sie sich alles an und streichelte mir nur zwischendurch beruhigend über den Kopf. Ich erzählte ihr auch zum Schluss, dass ich dabei einen `schleimigen Fleck´ in der Unterhose hatte, und sie in die Wasche getan hätte! „Das ist nichts Schlimmes, Du wirst langsam ein richtiger Mann und das `Schleimige´ war Dein Saft, der aus Deinem .... geflossen ist !" beruhigte sie mich und drückte mich fest an ihren warmen Körper. Irre, wie offen sie über diese Dinge plötzlich reden konnte, wo ich vorher immer den Eindruck hatte, Sexualität wäre für sie kein Thema! Durch das Erzählen war mein Pimmel so steif geworden und pumpte ununterbrochen, dass ich am Liebsten wieder das Gefühl verspüren wollte, wie er sich entleert! Auf meiner Wange spürte ich die Wärme den der Busen ausstrahlte und ich hörte Omis schnellen Herzschlag, meine Hand wanderte nach oben und ich legte sie vorsichtig auf die rechte Brust. Omi drückte mit ihrer Hand auf den Busen und sagte mit einem merkwürdigen Tonfall, den ich bei ihr noch nie gehört hatte:" bitte nicht Tobias ich bin doch Deine Oma, wir dürfen das nicht!" Enttäuscht ließ ich mich in das Sofa sinken und löste mich von ihr. Oma fühlte meine Enttäuschung und saß gedankenversunken neben mir. „Ich glaube ich werde erst einmal diese Chaos aufräumen, bitte hilf mir , dann kommen wir auf andere Gedanken!", dabei zog sie mich an der Hand hoch und wie zufällig streichelte sie über meinen steifen Pimmel. Nach einiger Zeit hatten wir alles aufgeräumt und meine Gedanken beruhigten sich wirklich bei dieser Arbeit. Oma war dabei sehr wortkarg und ich hatte Angst,dass ich etwas falsches gesagt hatte. Beim Aufräumen trank Omi die Reste aus den Wein und Sektflaschen und ihre Laune hellte sich immer mehr auf. Zum Schluss fing sie an vor sich hin zu summen und das lockerte die Atmosphäre erheblich! „Der Tag war anstrengend, lass uns noch ein wenig fernsehen und dann gehen wir ins Bett", sagte sie und ließ sich auf das Sofa fallen. Beim Fernsehen merkte ich, dass Oma mit den Gedanken nicht bei dem Gezeigten war, sondern immer wohl an etwas anderes dachte. Plötzlich sagte sie :"magst Du Inge sehr, besonders nachdem was sie Dir gezeigt und gemacht hat?" „Jaa" nuschelte ich und war gespannt, was jetzt folgen würde."Wir könnten sie ja irgendwann noch mal zu uns einladen, oder hättest Du etwas dagegen?!" „Nein bestimmt nicht, außerdem hat sie ja gesagt, sie würde gerne bald wieder kommen!" bestärkte ich Oma bei dem Gedanken."Am besten Morgen schon..." entwich es mir. „Du kannst es wohl gar nicht abwarten, so scheint es mir! Sie hat Dich ganz schön auf Touren gebracht! OK ich rufe sie gleich noch an, mit der Ausrede, dass noch so viel vom Fest übrig geblieben ist,dass wir es alleine nicht schaffen, was hältst Du davon?!" „Geil!!!", rief ich aus und merkte erst dann, dass man meinen Freudenausruf auch sehr leicht doppeldeutig aufnehmen konnte. Sie schaute mich mit verschmitztem Lächeln an und sagte: „also doch, Du willst das Erlebte gerne wiederholen , was?", dabei legte sie ihre Hand auf meinen Schoß und drückte meinen Pimmel, der gleich in die Höhe schoss. „Wir dürfen es nicht machen, aber es freut mich wenn Du das erste mal mit meiner Freundin f...." Schlagartig brach Omi das Wort ab und wurde rot im Gesicht. „was wolltest Du sagen?" fragte ich etwas unschuldig, obwohl mir das Wort durch meine Freunde schon längst ein Begriff war! Nun druckste sie ein wenig herum, bis sie sich wohl Mut gefasst hatte und sagte:" ficken.... so nennt man das nun einmal, wenn eine Frau und ein Mann im Bett Vergnügen haben! Nun lass uns aber aufhören, sonst machst Du Deine alte Oma noch ganz wuschelig! Ich frage jetzt erst Inge, ob sie morgen kommt!", dabei nahm sie den Telefonhörer in die Hand und wählte ihre Nummer. Das Gespräch war kurz, sehr kurz, denn Omi hatte wohl Angst etwas Falsches zu sagen, oder sich zu verraten! Mein Pimmel war wieder in voller Größe in der Hose und tat schon weh. Ich griff danach und zog ihn nach oben. Omi beobachtete mich dabei und sagte „Komm, wir trinken noch ein glas Wein und heute schläfst Du bei mir!", dabei stand sie auf, holte zwei Gläser und schenkte sie voll. „Zum Wohl mein Großer" und leerte das Glas in einem Zug. Kurz danach stand sie auf und sagte „Ich gehe ins Bad und dann ins Bett, beeile Dich!" ungläubig schaute ich ihr nach, trank den Wein aus und wartete bis ich sie wieder aus dem Bad kommen hörte. Schnell hatte ich meine Zähne geputzt und Pipi gemacht, dann ging ich in mein Zimmer."Tobias, wo bleibst Du!?" hörte ich ihre ungeduldige Stimme. Also meinte sie es ernst, dass ich bei ihr schlafen sollte. Ich zog meinen Schlafanzug an und ging ganz aufgeregt in ihr Schlafzimmer. Oma lag zugedeckt im Bett und ich krabbelte zu ihr unter die Decke."Treiben dürfen wir es ja nicht miteinander, aber an Deinem Schwanz darf ich ja ein wenig spielen, wenn Du willst!" und schon hatte sie ihre Hand auf Wanderschaft geschickt und suchte meinen Pimmel in der Hose. Bei der ersten

Berührung wuchs er zur ganzen Größe und es war unsagbar geil ihre Hand um den Schaft zu spüren. Während sie den Schwanz auf und ab wichste suchten meine Hände ihre vollen Brüste und genossen diese erste Berührung dieser herrlichen Kugeln! Ich beugte mich rüber und nahm eine der großen Brustwarzen in den Mund und da war es auch schon um mich geschehen: in hohem Bogen schoss mein Saft aus dem Schwanz! Vor Geilheit biss ich zart auf ihren Nippeln und sie stöhnte laut auf, dabei verteilte sie den Rest Saft über meinen schlaff werdenden Pimmel! Jetzt erst bemerkte ich, dass ihre andere Hand wohl kräftig ihre Furche bearbeitete. Omi stöhnte laut auf und drückte meinen Pimmel, dass es schon weh tat! Langsam beruhigte sich ihr Atem, ein Bein legte sie über mich und ich kuschelte mich an ihren warmen Busen."Das war einmalig schön Tobias... nun schlaf gut und erhol Dich für morgen", dabei streichelte sie nochmals über meinen Schwanz! Als wir am nächsten Morgen aufwachten lagen wir noch genauso eng umschlungen, wie wir eingeschlafen waren."Guten Morgen, mein Kleiner ich mache uns Frühstück, du kannst noch etwas drümmeln, aber nicht zu lang, um 11 Uhr kommt Inge ..... Du weist schon!" Mit einem Schlag war mein Schwanz wieder steif und ich hatte den Duft von Tante Inges Hände in der Nase! Ob ich heute wieder genießen durfte?Ich würde gerne selbst meine Hand unter ihren pinkelnden Busch halten! Unfassbar, welcher Wandel seit gestern in meiner Sexwelt stattgefunden hatte!Sonst träumte ich von den Mädchen in der Schule und nun hatte ich nur noch diese alten Schachteln im Kopf!! Das Frühstück war fertig und ich musste meine geilen Gedanken beenden, schade!

Die Zeit kroch wie eine Schnecke und ich konnte es nicht erwarten Tante Inge zu sehen! Was mich am meisten

verwunderte war, dass auch meine Oma immer wieder auf
die Uhr sah und immer unruhiger wurde! Dann war es
endlich soweit, gleich musste es klingeln und Inge mit ihrem
tollen Körper würde in den Flur kommen, aber wie es dann
weiter gehen sollte konnte ich mir nicht vorstellen. Ich
stand am Fenster und schaute, ob sie kommt, da stellte
sich Omi hinter mich fasste an meinen Schritt und
sagte:"ts ts ts wer wird denn den Besuch mit einem Steifen
empfangen ...... Inge ahnt ja was sie erwartet aber das wird
sie mehr als erfreuen!"Ich lehnte mich an Omi an und
spürte ihre herrlichen Möpse am meinem Rücken. Wie
hatte sich Oma verändert!! In dem Moment sahen wir Inges
Wagen um die Ecke fahren .... endlich! Omi rieb nochmals
ihre Brüste an meinem Rücken, dann ging sie, um die Türe
zu öffnen. Ich hört eine freundliche Begrüßung danach
einen Moment nichts ... leise ging ich und schaute um die
Ecke .... ich konnte es kaum fassen ... Inge hielt Oma im
Arm und knutschte sie heftig ab, dabei streichelte sie
ihren Po! Mein Schwanz wurde noch härter und ich zog mich
diskret zurück, damit sie mich nicht erwischten. Ich hörte
Oma laut sagen :"geh schon mal ins Wohnzimmer, Tobias ist
drin , ich mach uns noch einen Kaffe!" Tante Inge erschien
in der Tür und ich wurde ganz unruhig! Sie hatte einen
engen kurzen Rock an, eine durchsichtige Bluse durch die
ich gleich den BH sehen konnte und ihre etwas kräftigen
Beine waren mit glänzenden Strümpfen umhüllt. Schnell
kam sie auf mich zu und nahm mich ohne ein Wort zu sagen
in den Arm und drückte ihren üppigen Körper an meinen. Da
ich ja nur bis zu ihrem Hals reichte hatte ich gleich einen
herrlichen Ausblick auf ihren zusammen gepressten Busen.
Aus ihrem Ausschnitt strömte mir ein schwerer Duft ihres
Parfüms entgegen, dass es mich fast berauschte!Ihre Hand
drückte sie mir ins Gesicht und ich roch sogleich den

selben süßen Piss und Furchengeruch von gestern! Während sie mir ihr Becken entgegen drückte schaute sie mir in die Augen und sagte leise: „das hat Dir wohl gefallen Du kleiner Spanner! Vor der Abfahrt habe ich mich noch ordentlich gewichst und über die Hand gepinkelt. Lutsch an meinen Fingern, das macht mich geil! Und Dich auch, Dein Pimmel ist ja ganz hart!" Wie von Sinnen lutschte ich ihre geil nach Pipi schmeckenden Finger ab und hoffte, dass Omi nicht so schnell zurückkam. Bei der Leckerei traute ich mich nach den großen Brüsten zu fassen und knetete etwas unbeholfen noch diese herrlichen Fleischklöpse. Dabei spürte ich Tante Inges Hand an meinem Hosenschlitz fummeln und im nu hatte sie meinen Prengel aus der Hose befreit und wichste langsam am Schaft auf und ab! Auf einmal hörte ich Omaneben mir:"na ihr seid aber schnell zum Punkt gekommen!" Erschrocken wand ich mich aus den Armen von Inge und wollte aus dem Raum stürmen, als mich Omi am hervorstehenden Schwanz festhielt und sagte:"warte mein Kleiner ich muss Dir etwas beichten! Inge und ich sind öfters zum .... Schmusen .... zusammen. Lass es Dir also einfach mit uns gut gehen, Du wolltest schon gestern mit mir ficken, aber das geht nicht! Inge wird Dir alles beibringen, so wie sie es schon gestern begonnen hat! Ihre Pipihände haben Dich doch gestern schon verrückt gemacht! Du hast es mir doch erzählt! Nun heb einfach Inges Rock hoch und Du wirst sehen wie geil sie das macht! Ich muss noch schnell eine Kleinigkeit einkaufen,bin gleich zurück!" Damit verschwand sie aus dem Raum und wir hörten die Haustür hinter ihr zuschlagen. Unbeholfen und mit hochrotem Kopf stand ich neben Tante Inge."Ach mein Prinz bist Du süß! Dir platzt ja bald der Kopf. Komm, mach was Deine Oma sagte: heb meinen Rock hoch, Du wirst sehen, wie die Vorfreude meine Muschi laufen lässt!" zaghaft fuhr ich mit einer Hand unter ihren Rock und meine vor Aufregung feuchte Hand rutschte zwischen ihre glatt bestrumpften Schenkel nach oben. Sie öffnete ein wenig die Beine und ich fühlte zum ersten Mal den feuchten Schlüpfer und drückte den Zeigefinger gegen ihre Furche. Es war so geil,dass aus meinem Schwanz der ersten glibberige Samen floss. Inge hielt ihn ganz fest in der Hand und verrieb mit dem Zeigefinger den Tropfen über die Eichel. „Komm unter den Schlüpfer und stecke einen Finger in mein Loch, mach schon!" gehorsam steckte ich den Zeigefinger unter den Rand von ihrem nassen Schlüpfer, spürte die ungeheure Wärme zwischen ihren Schenkel und wie von selbst glitt er in die total feuchte Ritze! „Nun zieh ihn wieder raus und leck ihn ab!" sagte sie in einem Befehlston, der mich noch mehr erregte. Ich schaute erst auf meinen Finger der von einem weißglänzendem zähen Film umgeben war. Vorsichtig leckte ich an der Fingerspitze und sog den starken Duft einer reifen Frauenritze ein.! Lutsch alles ab und dann steck den Finger mir zwischen die Lippen, ich will sehen, ob Du auch brav alles abgelutscht hast!" Während sie fest an meinem Finger saugte und ihn tief in den Mund sog wichst sie ein paar mal über meinen Pimmel. Ich war kurz vor dem Spritzen, als sie ihn losließ. „Setz Dich auf den Stuhl und schau gut zu!" Langsam und aufreizend begann sie sich auszuziehen! Mit offenem Mund verfolgte ich jede Bewegung und mit jedem Kleidungsstück, das auf den Boden fiel wurde ich unruhiger. Nun hatte sie nur noch ihren fülligen BH an und ihren Schlüpfer. Auch den streifte sie ab und schaute mir unentwegt in die Augen. Mit beiden Händen umfasste sie ihre großen Brüste drückte sie zusammen und kam einen Schritt auf mich zu bis meine Beine zwischen ihren Schenkel waren. Ihr Haarbusch war nur noch wenige Zentimeter von meinem Mund entfernt. „Leck mich da unten" und bog mir ihren Unterkörper entgegen. Ich konnte ihre Lusttropfen an den Haarspitzen sehen und roch den süßen Duft ihrer Furche. Ihre Haare berührten meinen Mund und Nase und wie von selbst steckte ich meine Zunge in ihre offen stehende Furche. Jedes mal wenn die Zunge in sie eindrang lief mir ihr geiler Saft in den Mund! Es schmeckte viel intensiver, als das was ich von ihrer Hand abgeleckt hatte. „Saug an meinem Kitzler mein Prinz Du machst mich so geil, ich kann es kaum erwarten Deinen Schwanz in der Fotze zu spüren!" Ich wusste nicht genau, was der Kitzler war, aber oben an ihrer Furche sah ich einen rotleuchtenden Knubbel, den ich automatisch zwischen die Lippen nahm und feste daran saugte. Die Wirkung war enorm ! Inge bog sich weit nach hinten, umfasste meinen Kopf und drückte meinen Mund fest an ihre Öffnung. Sie stöhnte und rieb ihren Kitzler über meinen Mund und manchmal rutschte meine Nase in ihr Loch . Ich roch nur noch diesen geilen Duft und mein ganzes Gesicht war verschmiert. Mit beiden Händen umfasste ich ihren fülligen Po und ließ sie nicht mehr los. Immer wieder saugte ich an den raus quellenden Furchenlippen und spielte mit der Zunge an ihrem Kitzler. Ihre Bewegungen wurden immer heftiger und ich hatte Mühe den Kontakt mit ihrem Loch nicht zu verlieren. Mit einem lauten Stöhnen drückte sie jetzt ihre Furche auf meinen Mund und ein Schwall strömte aus ihrem Loch in meinen Mund ich schluckte impulsiv alles runter und saugte mich an ihrem heißen Loch fest. Sie ließ meinen Kopf los und setzte sich langsam auf meine Schenkel. Ihre Brüste, die sie sich aus den BH-Schalen geholt hatte lagen nun vor meinen Augen; leider konnte ich mich nicht lange an dem Anblick erfreuen, sie beugte sich tiefer und küsste mich leidenschaftlich auf den Mund. Ich fühlte , wie sich ihre Zunge in meinen Mund schob und zärtlich mit meiner Zunge spielte. Mein zum bersten steifer Schwanz pumpte dabei gegen ihren Bauch. „Massier mir die Titten, mein kleiner Prinz, Du bist ein Naturtalent!" Endlich konnte ich diese herrlichen Fleischklöpse in die Hand nehmen, mein Schwanz rutschte so fest über ihren warmen Bauch, dass ich unkontrolliert meinen Samen auf ihren Bauchnabel ergoss. Inges Stöhnen wurde wieder lauter, ihre Hand fuhr zwischen unsere Körper und sie begann meinen Saft über ihren Bauch zu verreiben, bis hoch zu ihren großen Brustwarzen. Dann hob sie ihre Brust hoch und drückte mir die Warze in den Mund. Artig leckte und lutschte ich meinen eigenen Saft von dem weichen Busen und lernte so auch den Geschmack meines eigenen Saftes kennen. Ich kuschelte mich zwischen ihre großen Berge und so saßen wir eine geraume Zeit, ohne ein Wort zu wechseln. „Das war viel toller, als ich es erwartet hatte, mein lieber Prinz, wenn Du all das Andere auch so gut machst werden wir noch riesigen Spaß miteinander haben!" Ich war sehr stolz, das aus ihrem Mund zu hören. Von nun an brauchst Du mich aber nicht mehr heimlich zu beobachten, wann immer Du willst können wir uns richtig vergnügen!"Sie reichte mir die Hand, zog mich von dem Stuhl hoch und ohne ein Wort und sehr bestimmt schob sie mich vor sich her in Richtung Bad. Ich war gespannt, was nun Neues folgen sollte! Tante Inge setzte sich breitbeinig aufs Klo führte meine Hand zu Ihrer Fotze und schon spürte ich den warmen Strahl, der über meine Finger lief! „Reib mir beim Pissen den Kitzler ... jaja das ist geil ... weiter ... fester!" immer wieder fuhr mein Finger durch ihren kräftigen nicht enden wollenden Pipistrahl und dann wieder hoch an den Kitzler. Mein Schwanz war schon wieder ganz hart und Inge wichste

kräftig auf und ab! Plötzlich ließ sie mich los, die Quelle
versiegte und sie sagte „Lass uns jetzt erst einmal auf
hören, Deine Oma muss bald wieder zurück sein! Leck
schnell noch meine Fotze ab und saug die letzten Tropfen
aus den Haaren, dann ziehen wir uns schnell wieder
an!" Genüsslich folgte ich ihrem Befehl ! Es machte mich
wieder super geil diese Fotze auszulecken und den
Pipigeschmack nicht von der Brille zu genießen sondern
direkt aus der Quelle. „Gefällt Dir wohl Du kleine Sau! Du
wirst bald mehr bekommen, als Du schlucken kannst!
Schluss jetzt" dabei ging sie ins Wohnzimmer und zog ihre
Sachen an. Auch mir blieb nichts anderes übrig, als ihrem
Beispiel zu folgen und bald saßen wir beide nebeneinander
auf dem Sofa, als wäre nichts geschehen. Gerade
rechtzeitig, denn sogleich hörten wir den Schlüssel in der
Tür und Omi kam herein. „Hallo!" sagte sie und verschwand
mit der Einkaufstüte in der Küche. Tante Inge stand auf
und folgte ihr. Ich hörte sie durch die offene Tür
plaudern , während ich an meiner Hand schnupperte und
Tante Inges geilen Geruch genoss. Oma und Inge kamen
nach geraumer Zeit mit einer Kanne Kaffe und Kuchen
zurück. So saßen wir gemütlich beisammen und alle
genossen die Stärkung. Dabei verglich ich Omi mit Tante
Inge: Tante Inge war molliger deshalb wohl auch der Busen
größer, ihre Haut war faltiger in den Haaren waren schon
ein paar graue Strähnen, Omi sah einfach viel jünger aus.
Ich war so in Gedanken, dass ich wie durch einen Nebel
hörte, das Tante Inge gehen wollte. Omi wollte ihr noch
etwas mitgeben, so waren wir allein im Zimmer. Inge nahm
mich fest in den Arm, küsste mich tief in den Mund und
kniff mir dabei in den Schwanz, dass ich laut aufgejault
hätte, wäre nicht ihre Zunge tief in meinem Mund gewesen.
Ich griff nochmals an ihre Titten und eine Hand massierte

50

ihre kräftige Pobacke. Beim rausgehen tuschelten die beide noch eine geraume zeit, ich hätte gerne gewusst worüber. Auf einmal kam mir der Gedanke, dass die zwei ein tolles Spiel mit mir trieben. Als wir alleine waren machte Omi so als sei nichts besonderes gewesen und auch der Abend verlief völlig normal, soweit ich das so sagen kann! Ich dachte natürlich immer nur an Inges Fotze und achtete peinlich darauf ihren `Duft´ an den Fingern zu erhalten. Beim Fernsehen machte Omi eine Flasche Rotwein auf und schenkte ein. Wir prosteten uns zu und Omi gab mir einen Kuss auf den Mund. Nach dem zweiten Glas druckste sie ein wenig herum und ich merkte, dass ihr wohl etwas auf dem Herzen lag. Das dritte Glas gab ihr wohl so viel Mut, dass sie den Fernseher ausstellte, ihren Arm um mich legte und mit dem Mund an meinem Ohr flüsterte „Tobias, von Inge habe ich nur erfahren,dass ihr Euch heute nachmittag gut unterhalten habt. Ich habe Dir auch schon gesagt, dass Inge und ich uns gut verstehen .... könntest Du Dir vorstellen, wie es wäre, wenn sie bei uns .... wohnen würde?" Ungläubig starrte ich meine Oma an und konnte es kaum fassen, was sie mich fragte ... nach dem Nachmittag ... gab es da denn überhaupt etwas worüber man nachdenken sollte bevor ein begeistertes JAAAA rauskam?- Doch schlagartig wurde mir klar welche Chance ich hatte: Omi war wohl, wie ich auch . unendlich geil auf Tante Inge ... ich wollte aber auch noch ein bisschen von Omi verwöhnt werden ... Langsam antwortete ich „ das wäre nicht schlecht, aber wo soll sie denn schlafen?"-"Wieso .. Du behältst natürlich Dein Zimmer und in meinem Zimmer ist das Doppelbett, also haben wir genug Platz! Komm sei ein Engel und sag ja, bitte!"- „Wahrscheinlich habt ihr darüber an der Tür getuschelt und schon alles ausgemacht!" Ich mimte den Beleidigten und hatte nur noch eins vor Augen :

Omi so in die Enge treiben, dass ich möglichst viel rausschlagen könnte. „Also gut, wenn ich jede Woche bei Dir einen Wunsch frei habe, dann könnte ich mich mit dem Gedanken anfreunden, dass Tante Inge bei uns einzieht, ist das ein deal?" Verschmitzt schaute mich Omi von der Seite an und sagte „wenn Deine Wünsche im Rahmen des Machbaren bleiben, könnte es ein deal werden! Was wäre denn in dieser Woche Dein Testwunsch?" -Nun verlor ich doch meinen Mut .. ich wollte so cool sein und jetzt fiel mir nichts ein, was ich auch meiner Oma sagen konnte! Willst Du heute Abend noch mal bei mir schlafen? Wäre das solch ein Wunsch?" „Ja ... aber .. ich möchte dabei auch mal Deine Fotze sehen!" Was hast Du denn für Ausdrücke!?" „Hat mir Inge beigebracht!" „Ich glaube es wäre gut , wenn Du heute bei mir schläfst und vorher ein wenig davon erzählst, was Du mit Inge erlebt hast! Komm wir machen die Flasche leer und dann geht es in die Federn!" Mit einem Zug leerten wir die Gläser, denn beide wollten wohl so schnell wie möglich ins Bett. Gemeinsam gingen wir ins Bad. Omi setzte sich auf das Klo und ohne Vorwarnung fuhr ich mit einer Hand zwischen ihre Beine und hielt sie unter ihren Pissstrahl. „Oh .. das hat sie Dir auch schon beigebracht!?!" Völlig verdattert schaute ich sie an „Ich mag das auch !" und dabei schoss ein besonders starker Pipistrahl über meine Hand. „Ich habe heute dann auch noch einen Wunsch frei murmelte sie und öffnete meine Gürtelschnalle. Mein natürlich wieder steifer Pimmel wippte heraus und zielte genau auf Omis Mund „Lass laufen" raunte sie und stülpte die Lippen über meinen Pimmel. Es war ein unbeschreibliches Gefühl, wie Omi mit ihrer Zunge über meinen Pimmel leckte! Ihre Quelle war schon längst versiegt, aber sie machte immer weiter und plötzlich entließ sie meinen Schwanz aus ihrem Mund und

sagte „nun lass es schon laufen mein Kleiner!" Sollte ich es
wirklich tun? Das war ja mehr, als ich mir am ersten tag
wünschen konnte ! Ich drückte meine Blase und ein zarter
Strahl bahne sich en Weg durch meinen Pimmel. Omi saugte
an der Spitze wie an einem Strohhalm und ich hörte, wie
sie heftige Schluckbewegungen machte! Sie schluckte
wirklich meinen goldenen Strahl! Es verwirrte mich so sehr,
dass nicht mehr viel nachfolgte und Omi sagte „na das
nächste Mal wird es bestimmt mehr." Schnell waren wir im
Schlafzimmer unter der Decke und ich lag wieder wie ein
Baby in Omis Arm. „Erzähl mir jetzt was Du heute erlebt
hast, während ich einkaufen war! Sonst kannst Du gleich in
Dein Bett gehen!" Im Dunklen traute ich mich langsam und
stockend zu erzählen und je weiter ich kam, um so mehr
drängte sie sich an meinen Körper. Wie zufällig begann ich
ihren Busen zu streicheln und die Warzen zu massieren.
Omi stöhnte zwischendurch auf und begann auch an meinem
Schanz zu streicheln. Als ich an die Stelle kam, als ich
Tante Inge die letzten Geiltröpfchen aus den Fotzenhaaren
lutschte, wurde mein Schwanz ganz hart und begann in
kräftigen Stößen zu spritzen! Omi stöhnte auf und
flüsterte „ja mein kleiner spritz alles was Du schon hast in
meine Hand! Mir ist so heiß!" Sie verteilte meinen Saft
über meinen Schwanz und ihren Bauch. „Nun hören wir
bitte auf, wir müssen jetzt schlafen und morgen
besprechen wir alles über Inges Einzug! Es wird
wunderschön werden, wenn wir drei zusammenleben! Gute
Nacht mein Kleiner und träume geil!"
Am nächsten Morgen erwachte ich schon sehr früh. Omi
war noch fest am Schlafen und leise stieg ich aus dem Bett.
Nachdem ich ausgiebig geduscht hatte ging ich in die Küche
und machte das Frühstück. Omi hatte einen geruhsamen
Sonntagmorgen verdient und ich wollte ihre Stimmung so

hoch wie möglich halten, damit auch der Plan von gestern mit Inges Einzug beibehalten wurde. Mit schön gedecktem Frühstückstablett ging ich ins Schlafzimmer. Omi rappelte sich langsam hoch, eine Brust hing halb aus dem Nachthemd raus und ich hätte mich gleich dranhängen können! Aber schön der Reihe nach! Ich öffnete die Vorhänge und schlupfte zu ihr unter die Decke. Mit viel Zeit, unterbrochen von ein paar Streicheleinheiten genossen wir das Bettfrühstück. Omi konnte sich gar nicht einkriegen, wie umsichtig und besorgt ich auf ein mal war. Bei der letzten Tasse Kaffe besprachen wir Inges Einzug und alles konnte sich zum Guten wenden. Noch beim Überlegen rief Inge an und Omi hatte nichts Besseres im Sinn, als gleich zu erzählen, dass wir im Bett sitzen und frühstücken. Noch war es mir etwas peinlich so intimes mit Inge zu teilen, aber daran musste ich mich wohl gewöhnen! Omi sagte dann zu ihr, dass wir uns beide auf ihren Einzug freuen würden, wir könnten schon heute einen teil ihrer Sachen holen. Sie war sofort einverstanden, wir schwangen uns aus dem Bett und plötzlich waren alle sehr geschäftig. Der Tag war sehr hektisch aber am gleichen Abend waren alle wichtigen Sachen von Tanze Inge bei uns. Zur Feier des Einzugs hatte Tante Inge eine Flasche Sekt mitgebracht und wir setzten uns gemütlich ins Wohnzimmer. Omi hatte ein enges Kleid mit langer Knopfleiste an, unter dem sich durch ihre seidig glänzende Strumpfhose die Beine schön zur Geltung kamen. Tante Inge trug einen sehr engen Pulli, der ihre mächtigen Brüste besonders betonte, darunter einen sehr weiten leichten Rock. Auch ihre Beine umhüllten glänzende Strümpfe; Omi musste ihr wohl erzählt haben, dass mich das besonders geil machte! Sie taten jedenfalls alles, damit ich die neue `Dreisamkeit´ genoss! Beim zweiten Glas Sekt sagte Tante

Inge „nun wollen wir erst einmal richtig Brüderschaft trinken und dann ist auch Schluss mit der Tante und Omi!" Zuerst küsste sie mich genau sehr begehrlich wie gestern und strich auch zart über meinen Schritt, ich nutzte es gleich aus, um ihre Brüste durch den engen Pulli zu drücken. „Jetzt ihr Beide ..... Gerda nimm Tobias in den Arm !" und bei einem sehnsüchtigen Kuss vereinigten sich unsere Zungen „Hallo Gerda" sagte ich etwas verlegen und massierte ihre Brüste. „Halo Tobias" sagte Oma und griff mit kundiger Hand an meine Hose und streichelte meinen steifen Schwanz. Wir hatten uns kaum gelöst, da setzte sich Inge neben Gerda, um schlang sie mit den Armen und gab ihr einen Zungenkuss, der gar nicht zu enden schien. Es war sicherlich nicht der erste Kuss den sie sich gaben und beide griffen sich unter den Rock und sie rieben sich die Fotze. Ich wurde beim zusehen so geil, ich konnte nicht anders als an ihre Brüste zu greifen! Vier große Fleischklöpse, ich wusste gar nicht welche ich zuerst ergreifen sollte! Beide genossen es und begannen zu stöhnen. Mit je einer Hand fuhr ich unter einem Rock, und ihre Hände machten mir Platz. Während sie sich weiter küssten suchte ich den Weg unter ihren Slips und fand die schon völlig durchnässten Fotzeneingänge. Mit beiden Zeigefinger begann ich in diese glitschigen Kanäle zu stoßen. Beide kneteten sich die mächtigen Kugeln, atmeten immer heftiger, öffneten ihre Schenkel und genossen meine immer schneller werdenden Stoßbewegungen. Inge begann mit dem Unterkörper zu zucken schloss die Beine und umschloss meinen Finger mit ihrem Fotzenkanal so heftig, dass ich ihn kaum noch bewegen konnte Sie ließ Gerda los viel zurück ins Sofa und stöhnte laut im Rhythmus ihrer zuckenden Fotzenmuskulatur. Auch Inge war nun soweit , lehnte sich weit zurück und klemmte meinen Finger in ihre

Fotze! Nachdem ich meine Finger still hielt und sich beide etwas erholt hatten , gaben sie sich einen zärtlichen Kuss. Das Zucken in den Fotzen hörte auf und beide griffen gleichzeitig an meinen Kopf, zogen mich zu sich und wir begannen uns zu dritt zu küssen. Während sich unsere Zungen liebkosten fühlte ich ihre Hände an meiner Hose, gemeinsam öffneten sie den Gürtel, den Reißverschluss und schon zogen sie die Hose samt Short runter. Ein Gefühl, wie tausend Hände und Finger durchströmte meinen Schwanz und Sack! Wahnsinn, ich kniete zwischen diesen beiden geilen Frauen knetete wahllos die Titte die mir in die Hand kam und spürte den Saft im Schwanz steigen. Mit einem heftigen Druck spritzte ich enorme Mengen Saft auf die erwartungsvollen liebkosenden Hände! Zum Glück nahmen nun Beide ihre Hände zu ihrem Mund und leckten den Frischen Saft ab, dadurch konnte sich mein Schwanz etwas beruhigen. Inge rutschte etwas beiseite und ich setzte mich zwischen Beide. Wir kuschelten aneinander und genossen die Freuden, die wir uns geschenkt hatten. „Oh Gerda, ich freue mich so sehr jetzt für immer bei Euch zu sein, danke!" - „Ja Inge, ich und sicherlich auch Tobias sind glücklich! Es liegt eine tolle Zeit vor uns! Lass uns noch ein Glas auf unsere gemeinsame Geilheit heben, und dann ziehen wir bequemere Klamotten an!" Für mich war es ein tolles Gefühl nicht mehr als Kind behandelt zu werden, ich fühlte mich sooo erwachsen! „Ich muss jetzt aber aufs Klo" sagte Inge und nahm Gerda an die Hand. Ich war nach dem Höhenflug etwas eifersüchtig allein gelassen zu werden; so ging ich in mein Zimmer hatte aber immer ein Ohr in Richtung Bad ... was die wohl da machten? ... ich hörte nur ab und zu ein Stöhnen, dann wieder Stille ... Ich zog mich ganz aus und schlupfte in den dünnen Bademantel. Inge und Gerda kamen aus dem Bad und schauten in mein

Zimmer. „Hey Du bist ja schon umgezogen .. was sollen wir denn anziehen?" Beide standen Arm im Arm und ich wurde wieder spitz! Im Geist sah ich sie Beide in einem engen Korsett und glänzenden Strümpfen an Strapsen vor mir! „Ach .". nuschelte ich „vielleicht etwas Enges ... Glattes". „Ich weis schon was Tobias sich wünscht" sagte Gerda und zog Inge mit sich ins Schlafzimmer. Mein Schwanz stand schon dick im Bademantel, als ich zurück ins Wohnzimmer ging. Ich nutzte die Zeit des Alleinseins und goss mein Glas bis oben mit Sekt voll und leerte es in einem Zug. Aus dem Kühlschrank holte ich noch eine Flasche und wollte sie auch gleich öffnen. Aber da ich noch nie eine Sektflasche geöffnet hatte, schoss der Korken mit einem Knall aus dem Flaschenhals und ein Schwall Sektschaum sprudelte auf den Couchtisch! Mit erschrockenem Blick stürmte Gerda ins Zimmer : ich wusste nicht was mich mehr verwirrte, mein Missgeschick mit der Flasche oder dieser Anblick!!! Gerda in einem durchsichtigen Negligé durchschimmernd ein schwarzes Korsett mit rotbestickten Körbchen aus denen die Brüste hervorquellen, weil sie für die Fülle ein wenig zu klein sind. Unten klafft das Negligé auf und ich sehe ihren Fotzenbusch hervorleuchten ... und an den Strapsen sind schwarze glänzende Strümpfe befestigt! „Ach Du hast für uns schon eine neue Flasche geöffnet und ich dachte schon es sei etwas zu Bruch gegangen" sagte sie erleichtert und nahm mich in den Arm. Nicht nur ihr Aussehen war berauschend sondern auch der Duft den sie verströmte nahm mir den Atem! Liebevoll schmiegten wir uns aneinander, sie klemmte meinen Schwanz zwischen die Schenkel und küsste mich zärtlich auf die Stirn. Inge war mittler weilen zu uns gekommen, stellte sich hinter mich und drückte ihre Brüste an meinen Rücken und fasste an meinen Pimmel. Sie hatte das gleiche Parfum genommen und ich schwebte in dem Gefühl und Duft! Wir lösten uns und nun konnte ich Inge bewundern : sie hatte ein weißes Korsett, das sehr gut zu ihrer gebräunten Haut passte und auch sie trug schöne weiße Strümpfe! Mit meiner Hand griff ich nach ihrer Fotze und spürte wie nass sie war. „Komm mein Prinz jetzt will ich von Dir gefickt werden und deinen Saft in meiner Fotze haben!" Dabei zog sie mich zum Sofa, setzte sich breitbeinig hin rutschte mit dem Becken weit vor und drückte mich auf die Knie zwischen ihre Schenkel. Ohne ein Wort zu sagen nahm sie meinen Schwanz und führte ihn an ihren Fotzeneingang! Wie von selbst rutschte r in ganzer Läge in sie und ich genoss zum ersten Mal das Gefühl den Pimmel in einer Fotze zu haben. Was nun folgte erlebte ich wie in einem Rausch : Inge hatte die Hände auf meine Pobacken gelegt und bestimmte damit den Fickrhythmus und ich genoss das Ein und Aus in ihre Fotze mit den Händen umfasste ich ihre wallenden Busen! Gerda stellte sich hinter das Sofa und rieb sich ihre Furche während sie uns genau beobachtete und mir zwischendurch verlangend tief in die Augen schaute. Lange konnte ich diese neue Erlebnis nicht aushalten und spürte, wie sich alles in meinem sack zusammen zog. Mit einem heftigen Stoß in Inges Fotze begann mein Schwanz einen Saftstrahl nach dem Anderen in sie hineinzuspritzen! „Jaaa ... mein Prinz .... Gib mir Deinen Saft ... ist das geil ... ich will mehr ... los spritz weiter und besam mich bis tief in den Muttermund!" Dabei presste sie mir heftig den Unterleib entgegen und meine Schwanzspitze spürte einen Wiederstand in der Tiefe dieser saugenden und melkenden Fotze! Ermattet sank ich auf Inge nieder und legte meinen Kopf auf ihre Titten und spürte die letzte Zuckungen in meinem Pimmel. Langsam bewegte Inge ihre Fotze und mein Schwanz schwamm in unserem Saft! Es war einfach unbeschreiblich!! Gerda kam um das Sofa und streichelte mich zart am Kopf und über den Rücken. „Setzt Dich hin und erhol Dich, ich werde Inge ein wenig von eurem Freudensaft befreien!" dabei nahm sie meinen Platz zwischen Inges Schenkel ein und stülpte ihren Mund über ihre Fotze. Schlürfend und schmatzend saugte sie meinen und Inges Saft auf und an den schluckte alles runter. Nie hätte ich mir meine Oma vorher so vorstellen können! Beide schienen es sehr zu genießen, Inges Stöhnen wurde wieder lauter, Gerda streichelte zart über die Brustnippel, die fest und hart waren. „Komm mein Kleiner steck mir einen Finger in die Fotze!" sagte Gerda und ich kniete mich sofort hinter sie und merkte gleich, wie geil sie unsere Fickerei gemacht hatte! Aus ihrer Fotze tropfte schon der Saft auf den Teppich. Ich fuhr ihr gleich mit zwei Finger in die Fotze und schob sie bis zum Anschlag rein. Sie bedankte sich gleich mit einem tiefen Seufzer und widmete sich wieder ganz der vor ihr liegenden Inge. Beide stöhnten immer heftiger und ich spürte wieder wie Omis Fotze sich fest um meinen Finger schloss. Langsam zog ich meinen Finger aus dem Loch und beide saßen erschöpft nebeneinander auf dem Sofa. Ich stellte mich vor sie, leckte genüsslich meine Finger ab und präsentierte Beiden meinen wieder voll aufgerichteten Schwanz. Dabei betrachtete ich die beiden älteren Frauen und die Fältchen zwischen ihren mächtigen Titten reizten mich meinen nächsten Samenerguss darüber zu verteilen. Beide strichen sich über die Fotzeneingänge und Oma ließ auch immer wieder einen Finger in der furche verschwinden. Gerda drehte sich zu Inge, beide schauten sich an und Gerda nickte. Ohne ein Wortstanden beide auf und führten mich ins Bad."Du hast uns schon beide an die pissende Fotze gefasst, nun sind wir dran Deinen Sektstrahl zu genießen", sagte Inge und wollte ihr Korsett ausziehen. „wenn ihr meinen Sekt haben wollt, dann will ich auch über Eure geilen Korsetts und Strümpfe pinkeln!" Beide kicherten und stellten sich in die Dusche. Erwartungsvoll nahm Oma meinen Pimmel in die Hand und Inge kraulte an meinem Sack. „So kann ich nicht pissen, ihr müsst schon Eure Hände bei Euch behalten ... holt Eure Titten raus und massiert die bitte" sagte ich und bemühte mich den Strom fließen zu lassen. Endlich begann ein kleiner Rinnsal aus meinem Pimmel zu sprudeln, der langsam zu einem festen strahl anstieg. Mit der Hand dirigierte ich den Immer fester werdenden Strahl zwischen Oma und Inge hin und her. Bei Inge angekommen lenkte ich ihn nach oben und sah wie ihr Korsett langsam vor Feuchtigkeit immer durchsichtiger wurde ging langsam nach unten und pisste ihr auf ihren Fotzeneingang, den sie mit den Fingern gleich weit auseinander zog. Der hellgelbe Strahl befeuchtete nun ihre Strümpfe ... es sah so geil aus! „Nun aber zu mir Du kleine Sau, Deine Omi will auch Deinen warmen Pissstrahl an der Fotze spüren!"Mit Schwung richtete ich den Strahl auf ihre rechte Titte, es spritze bis zu ihrem Mund, den sie auch gleich weit aufriss! „Schmeckt´s Oma? Und jetzt kommt Deine Fotze dran .. mach sie weit auf, um so mehr wird sie gebadet!" Allmählich versiegte mein Strom, als Inge das merkte kniete sie sich vor mich hin und nahm meinen Schwanz in den Mund . Durch kräftiges zusammendrücken entleerte sich meine Blase in festen Schüben in ihren Mund. Mein Pimmel wurde wieder steifer und beide Alten nahmen mich zwischen sich und rieben ihre nass gepinkelten Korsetts an meinem Körper. Ich streichelte über die nassen Strümpfe, die nun noch glatter und schlüpfriger waren! Inge drückte mich auf die Knie, ich glaubte sie tat es damit ich besser an ihren geilen Schenkel streicheln könnte, doch was dann kam übertraf meine Vorstellung! Beide drehten mir ihre Fotzen vor das Gesicht und Inge begann als erste mich voll zupinkeln. Sie hatte ihre Schamlippen weit auseinander gezogen und ich sah den dicken goldenen Strahl aus ihrem Pissloch sprudeln Oma schob mein Gesicht näher ran und schon traf mich der Strahl auf den Mund .. ich öffnete ihn weit und ließ was ich nicht schlucken konnte über meine Brust laufen!Es war sehr angenehm die arme Dusche runterlaufen zu spüren . Inges Blase war leer , die letzten Spritzer saugte ich gierig auf und drehte mich um, denn von Oma hatte ich noch nichts bekommen! „So nun zu Dir Du geile Pissomi auch Dich will ich schmecken" und saugte an ihrem Kitzler . An der Spannung in ihrem Bauch merkte ich dass sie kräftig drückte und dann begann es aus ihrer Furche zu sprudeln! Ich hielt meinen Kopf unter ihren Strahl alles lief über meine Haare und ich streichelte dabei unentwegt ihre geilen feisten Schenkel und saugte aus den Strümpfen den Pisssaft . Als auch ihr Brunnen versiegt war stellte Inge die Dusche an ich zog den Frauen die Korsetts und Strümpfe aus und wir seiften uns gegenseitig ein. Zum Glück hatten wir eine große Dusche, sonst wäre es sehr eng geworden. Ich verließ als erster die Dusche, nahm ein große Badetuch und begann Omi abzutrocknen. Besonders lang trocknete ich ihre schweren Brüste ab und küsste zwischendurch ihre steifen Brustwarzen. Dann kam Inge dran, die es genau so genoss wie Oma. Es war schon spät geworden und wir beschlossen die weiteren Spielchen im Bett zu machen. Gemeinsam legten wir uns in Omas Doppelbett ich in der Mitte und an jeder Seite hatte ich eine herrliche weiche , warme Oma , die sich eng an mich kuschelten. „Kinder, ich bin müde" sagte Gerda, „was haltet ihr davon, wenn wir jetzt erst ein mal schlafen, wir haben doch noch so viele Tage und Nächte vor uns!" Inge und ich hatten nichts dagegen, wir zogen die Decke über uns und es dauerte nicht lange hörte ich rechts und links von mir ein gleichmäßiges Atmen. Ich drehte mich zu Inge, nahm ihre dicke Titte in die Hand und schlief auch ein. Ich weis nicht wie lange ich geschlafen hatte, wurde wach durch eine feuchte Zunge, die an meinem Ohr spielte. „Komm mein Ficker ich brauche jetzt sofort Deinen Pimmel in meinem Loch, fick mich!!" Sie schlug die Decke zur Seite Über Omi und hockte sich auf mich mit einer Hand nahm sie meinen steifen Schwanz und führte ihn zu ihrem Fotzeneingang. Der war schon mehr als feucht und sie spießte sich gleich auf! Wie wild fing sie mich an zu reiten, dass das ganze Bett wackelte und knarrte! Im Schummerlicht sah ich ihre mächtigen Titten auf und ab hüpfen, ich fasste nach ihnen und konnte sie nur mit Mühe festhalten. Bei der Fickerei wurde Oma natürlich auch wach, sie drehte sich zu mir, nahm meinen Kopf in die Hand und sagte ich will Dich anschauen , wenn Du Inge mit Deinem Saft voll pumpst Du geiler Hengst stoß sie ... fick sie in ihre alte geile Fotze ... spritz Deinen frischen Samen bis hoch in den Muttermund .... jaaaa" Alles machte mich so geil, dass ich nicht lange durch Inges Fotze ficken konnte, ohne dass es mir in mächtigen Schüben durch den Pimmel aufstieg und ich meine ganze Sahne tief in ihre alte Fotze pumpen musste! „Jetzt Omi ... es kommt ... ich spritze sie jetzt so voll, wie Du gesagt hast... Inges Fotze ist so eng ..." - „Sie hat auch ihren Orgasmus, da werden Frauenfotzen immer eng, um Euren Pimmel auszusaugen, mein Kleiner! Fick noch ein bisschen weiter Inge liebt es nach dem Orgasmus in der Fotze etwas gerieben zu werden!" Inge s Stöhnen und Prusten nahm kein Ende, mein Schwanz wurde merklich schlapp und ich kam wieder zu Kräften. „Woher weist Du eigentlich so genau was Inge geil macht, Oma?" „Ach Tobias , wir kennen uns schon seit der Schulzeit und seit dem sind wir immer mal wieder zusammen im Bett gewesen und jetzt wo wir ohne Mann sind, machen wir es immer öfter. Was glaubst Du wohl warum ich immer einmal die Woche zum Frauentreff gegangen bin! Aber nun brauchen wir es ja nicht mehr heimlich zu machen und wir haben durch Dich geilen Hengst auch noch eine ungeheuere Bereicherung!" Inge hatte sich mittlerweile beruhigt und legte sich wieder an meine Seite. „Danke Du kleiner Prinz, ist das herrlich nachts mit einem Kribbeln in der Fotze wach zu werden und gleich einen Schwanz neben sich zu haben". Ich schlug die Decke wieder über uns und schon waren wir wieder im tiefsten Schlaf. Am nächsten Tag waren wir erst damit beschäftigt Inges Sachen aus der Wohnung zu holen und bei uns zu verteilen. Natürlich nicht ohne immer wieder uns geil zu befummeln! „Langsam Du kleiner Hengst!" sagte Omi das Vergnügen kommt erst nach der Arbeit. Am späten Abend war alles soweit verstaut, dass wir es uns gemütlich machen konnten."Vorher gehen wir aber noch unter die Dusche uns frisch machen nach der schweißtreibenden Arbeit!" mit diesen Worten zog mich Inge ins Bad und rief Oma. „Runter mit den Klamotten und in die Dusche! Damit begannen sich die zwei auszuziehen und ich beeilte mich so schnell als möglich nackt zu sein, um ihnen zu helfen. Oma Gerda hatte gerade ihre Strumpfhose ausgezogen, so konnte ich bei meinem Lieblingsstück helfen, ihr Korsett! Geil, wie die großen Titten aus den Schalen fielen und mit Mühe zog ich es über ihren Hintern. Inge war schon nackt und tänzelte von einem Bein aufs andere, dabei schwangen ihre Melonen hin und her! „Los ihr zwei meine Blase ist zum platzen voll!" Wir zwängten uns in die Dusche, ich kniete mich zwischen diese beiden geilen alten Weiber und schaute in zwei graubehaarte offene Fotzen, die bereit waren mich mit ihrem gelben Saft zu baden. Es war wieder herrlich dem goldenen Saft auf meinem Körper zu spüren und den Beiden machte es großen Spaß, mich voll zu seien! Auch meine Blase leere ich über ihre Brüste und Bäuche! Zum Abendessen hatten wir uns nur leicht bekleidet, ich trug einen Short und meine Lieben saßen in aufreizenden, dünnen Morgenmäntel vor mir. Nach dem Essen, kramte Inge eine Flasche Eierlikör aus ihren Sachen hervor und schenkte jedem ein großes Glas ein. Ich setzte mich zwischen beide Frauen und nach jedem Glas wurden beide beschwipster und damit auch geiler. Oma wichste unaufhörlich an meinem Schwanz und Tante Inges Zungenküsse wurden immer verlangender! Langsam löste sie sich von mir stand unter leichtem Stöhnen auf und wackelte in die Küche. Von dort aus rief sie mich uns ich ging schnell zu ihr, sonst wichste mir Omi noch den Saft aus den Eiern. „Heute muss Deine Oma noch Deinen Schwanz in die Fotze bekommen! Erst wichst Du sie mit den Fingern, ich lenke sie ab und dann tauscht Du Deinen Finger mit Deinem geilen Pimmel! Du wirst sehen sie wird sich daran gewöhnen!" dabei zwinkerte sie mir verschwörerisch mit dem Auge zu. „Aber wenn, sie doch nicht will?!" „Natürlich will sie, sie ziert sich nur noch ein wenig weil Du der Enkel bist! Fick sie nur gleich ordentlich durch und spritz ihr die Spalte voll, so wie Du es bei mir schon ein paar mal gemacht hast! Aber lass auch für mich noch was übrig, ich brauche es auch noch mal" Mit der Hand war sie die ganze Zeit in meiner Hose und verteilte die bei der Vorstellung heftiger raus quellenden Tröpfchen über die Eichel. „Hey ... die Vorstellung Deine Oma zu ficken machen Dich ganz schön an!!!" „Jaaa ... lass uns gehen ich will sie ficken !!!"Wir setzten uns wieder aufs Sofa und schenkten die Gläser aufs Neue voll. „Prost Oma", sagte ich und griff an ihre hängenden Brüste „mit einem Zug auf die neue Mitbewohnerin!" Danach küsste ich sie leidenschaftlich und lutschte den süßen Likör aus ihrem Mund."Komm Omi knie dich vor Inge, lutsche ihre Fotze während ich Dir von hinten mit dem Finger die Fotze wichse!" - „Oh, ich bin schon so beschwipst und geil ... ja komm wichs mich schön mein Kleiner das kannst Du so gut!" - „Ich werde mir größte Mühe geben,OMA!" Dabei dirigierte ich sie zwischen Inges Schenkel und begann durch die Pospalte zur Fotze zu streichen . Mit einem Finger drang ich tief in sie ein und zog ihn fast ganz heraus. Sie stöhnte, drückte ihren Po mir entgegen und saugte sich an Tate Inges Muschi fest. Langsam rutschte ich auf den Knien zwischen ihren beinen näher an sie heran, dass mein Schwanz nur noch ein paar Zentimeter von ihrem Arsch entfernt war. Unablässig trieb ich meine Finger in ihr Loch Mein Herz schlug so heftig, dass es fast jeder hören musste.

`Jetzt ficke ich Dich Oma, mein Schwanz wird Dir die schöne Möse vollspritzen! ´, und mit diesen Gedanken tauschte ich meine Finger gegen den Schwanz aus!! Tante Inge beobachtete mich die ganze Zeit schon und nickte mir aufmunternd zu! Omis Loch war etwas enger als Inges, aber es machte mich ungeheuer geil endlich in Omis Fotze zu ficken!! Inge hatte Gerda´s Kopf fest in die Hände genommen und drückte ihn auf ihre Möse. Omis Hintern klatschte fest gegen meinen Bauch wodurch der Schwanz bei jedem Stoß tief in sie eindringen konnte! Ihr Saugen an Inges Loch musste sehr fest geworden sein, denn Inges Augen waren weit aufgerissen und ihr Atem ging nur noch stoßweise ... sie hatte einen Megaorgasmus!!! Nun konnte auch ich den Saft nicht mehr zurückhalten und Oma und mir kam es gleichzeitig!! „TOOBIIIII .... !!!" stöhnte sie laut, legte den Kopf in Inges Schoß und quetschte mit ihren Fotzenmuskeln auch den letzten Samen aus meinem zuckenden Pimmel. Ich griff von hinten an ihre runterhängenden Titten und zwirbelte zart an den Warzen. Als sich Omas Atem wieder normalisiert hatte, drehte sie den Kopf zu mir und sagte: „Junge, das war frech .... aber einmalig!! Ich wurde schon auf Inge ein wenig neidisch und nun weiß ich, mit recht! ... Ist das toll wieder einen Pimmel im Loch zu haben und den Samen reingepumpt zu bekommen!! Stoß noch ein wenig Deinen Saft durch mein Loch .... jaaa das ist gut Du kleiner Omaficker! Da hast Du mich alte Frau aber ganz schön reingelegt, oder habt ihr das zusammen ausgeheckt?" Dabei schaute sie Inge an und küsste ihre Titten. Meinen schlaffer werdender Schwanz schob ich noch genüsslich durch die vollgespritzte Omafotze, bis sie ihn entließ. Damit der rauslaufende Saft nicht auf den Teppich tropfte hielt ich eine Hand unter ihre Möse und verrieb den Saft über ihre graue Haare und hoch durch die Pospalte. Mit leisem Stöhnen genoss Oma diese Behandlung und immer , wenn meine Finger durch die Poritze schmierte drückte sie mir entgegen. Mit dem Zeigefinger rieb ich unseren Saft über ihren Anus und spürte, wie ihr Schließmuskel dabei arbeitete! „Na Trude, ich glaube jetzt ist Deine blödsinnige Meinung,das Dich Dein Enkel nicht ficken darf für immer ausgeräumt, oder?" - „Ich glaube er muss es noch mal machen,so ganz von Anfang an konnte ich es ja nicht genießen!" und alle lachten. Wieder saß ich zwischen den Beiden und wir kuschelten uns aneinander! Inge gähnte herzhaft und laut. „Ich glaube wir gehen nun ins Bett und lassen es für heute gut sein, morgen ist ja auch noch ein Tag!" - „Gute

Idee" sagten wir und wir machten uns bettfertig und es dauerte nicht lang lagen wir eng beieinander und schliefen tief und fest.

Die folgenden Tage verliefen mit allerlei Arbeiten, Umräumen usw. nicht ohne dass wir uns zwischendurch befummelten und reichlich liebkosten aber ohne zu ficken. Ich dachte schon die Geilheit der beiden alten Damen sei verflogen. Als ich aber am Freitag von der Schule kam wurde ich überrascht! Oma stand in der Küche mit einem wirklich kurzem Rock, einer durchsichtigen Bluse, durch die ihr Korsett durchschimmerte, etwas höhere Pumps und toll geschminkt! Inge kam dazu in einem ganz engen langen Kleid mit einem irre hochreichenden Schlitz, der die Strumpfansätze und die Halter sehen ließ, weitem Ausschnitt, der fast bis zu den Brustwarzen reichte und hoch gesteckten Haaren! Mein Schwanz wuchs augenblicklich und pochte schmerzhaft in der engen Jeans. „Was geht den hier ab?" fragte ich und nahm Oma liebevoll in Arm und rieb ihr unter dem Rock durch die Pospalte. Inge grinste mich an „Das Wochenende beginnt! Wir haben alles Nötige besorgt, alle Arbeiten erledigt und nun gibt es nichts Anderes als gemütliches Beisammen sein. Das Wetter ist so, dass man keinen Schritt vor die Tür machen will, so machen wir drei es uns so richtig gemütlich! Dusch Dich, gleich gibt es Essen zur Stärkung!" Damit schubsten sie mich aus der Küche. Mir wurde klar, dass die Zwei schon ein ganzes Programm für das Wochenende ausgeheckt hatten und ich freute mich schon auf alle Überraschungen.

Die Nachbarin

Endlich habe ich meine neue Wohnung bezogen im vierten Stock in einem Wohnblock und 1 Woche frei.

Ich liege schon eine Stunde meinem Balkon, um die Sonne zu geniessen. Gerade denke ich daran, mir etwas zu trinken zu holen, da sehe ich meine Nachbarin Monika M. auf Ihrem Balkon, eine Flasche Sonnenmilch in der Hand. "Würdest Du mir den Rücken eincremen?" Sie duzt mich gleich.....naja, schließlich ist sie wohl Ende 50 und damit ungefähr 30 Jahre älter als ich, aber sehr attraktiv: 175 cm groß, vollschlank mit schönen weiblichen Rundungen, rückenlange dunkelbraune Haare und tolle lange Beine.

Als ich vor ihr stehe, bleibt mir fast die Luft weg. Sie trägt einen knappen rosa Bikini und darüber nur eine dünne weiße Bluse. Das Oberteil scheint ihre beiden Prachtstücke kaum bändigen zu können....

Ich klettere kurz entschlossen über die Balkonbrüstung während sich Monika ihrer Bluse entledigt und sich mit dem Bauch auf die Sonnenliege legt. Ich setze mich neben Sie und bewundere ihre Formen, während ich die Flasche öffne. Sie zuckt leicht, als ich die Sonnenmilch auf ihren Körper träufele. Dann beginne ich, sie sanft einzumassieren. Monika geniesst es, ich höre sie leise seufzen, ja, sie bekommt sogar eine leichte Gänsehaut. Jetzt will ich's wissen und öffne vorsichtig ihr Bikinioberteil. "Oohh" entführt es ihr, als würde sie sich erschrecken, doch dann genießt sie wieder meine Streicheleinheiten. Na, da geht doch bestimmt noch mehr.....Meine Hände ereeichen jetzt ihr Höschen, ich ziehe es etwas herunter und hauche einen

Kuß auf ihren Poansatz....ich höre sie leise stöhnen..."Gefällt Dir das?" "Ja, flüstert sie, ja, mach doch weiter." Ich streichle sie jetzt leicht zwischen den Beinen, küsse sie auch auf den Rücken und spüre ihre immer größer werdende Erregung. "Zieh mich aus, zieh mich doch endlich aus" keucht sie plötzlich und hebt ihr Becken. Rasch streife ich ihr das Höschen herunter. Monika ist wirklich schon ganz feucht. Ich kann mich auch kaum noch beherrschen, nehme mich aber zusammen. Ich küsse Ihren Po, ihre Schenkel, dabei streife ich mir meine kurze Sporthose herunter. Jetzt gleitet meine Zunge zwischen ihre Beine hin zu ihrem Lustdreieck. Sie stößt einen unterdrückten Schrei aus, als sie meine Zunge spürt, dabei krallen sich ihre Hände an der Liege fest. "Komm, dreh Dich um." Monika liegt im nächsten Momen auf dem Rücken. Ich drücke ihre Beine auseinander und kann ihr Lustzentrum jetzt so richtig verwöhnen. "Oooohhh ist das geil, hast Du eine heiße Zunge!" stöhnt sie immer heftiger. Jetzt windet sie sich derartig, dass ich schon richtig zupacken muss, um sie zu bändigen....ist die Frau heiß....und dann ist sie soweit. "Ich komme, ich komme, jjjaaa!!!" Im letzten Moment presst sie sich ein Kissen vor den Mund. Jetzt bin ich endlich an der Reihe. Ich knie mich über sie und lege meinen Zauberstab zwischen ihre großen festen Brüste. Das bringt mich total auf Touren. Ich stöhne mehrfach auf und kann mich kaum noch beherrschen. Aber jetzt kann ich mich auf die Liege legen. Monika hockt sich neben mich und beginnt, meinen Schwanz zu streicheln "Genieß es Kleiner, lass Dich gehen" flüstert sie mir noch zu und beginnt dann das Spiel mit Lippen und Zunge....ich werde fast wahnsinnig vor Lust, immer wieder bäume ich mich auf, kann einige Lustschreie nicht unterdrücken. Endlich will Monika gefickt werden, länger dürfte sie auch nicht mehr warten. Sie stellt sich über mich, dabei dreht sie mir den Rücken zu, uns läßt sich dann langsam herunter. Der Anstich entlockt ihr einen lauten Aufschrei und dann reitet sie wie besessen. Ich packe sie an den Hüften "Langsam Süße, immer schön langsam" und lasse sie sich nur ganz langsam auf und nieder bewegen. Das macht Monika offenbar total geil, entlockt ihr ein immer heftigeres stöhnen. Als ihr Po wieder oben ist, halte ich sie fest und stoße jetzt kräftig von unten...sie kreischt auf vor Lust und dann kommt sie erneut zum Höhepunkt.

Auch ich kann jetzt nicht mehr "Ich spritze, ich spritze" stöhne ich laut. Moni kommt gerade noch von mir herunter, kniet neben mir und wichst jetzt auch noch den letzten Tropfen aus meinem Rohr....IWir sind beide völlig fertig und verschlafen fast eine weitere Stunde.

Nach dem heißen Nachmittag mit Monika hatte ich noch an einen reinen Zufall geglaubt, eine Sache die sich so spontan ereignete....aber in was für ein versextes Haus ich gezogen war, wurde mir dann einige Tage später klar.

Eine Etage über mir wohnt Waltraud (den Namen nehme ich mal vorweg), eine sehr vorzeigbare Frau von Mitte 40. Sie ist ca. 170 cm gross und sehr griffig, Kleidergröße 42 - 44. Trozdem sexy mit schulterlangen, kastanienbraunen Haaren und hübschen Beinen, die sie gerne mit kurzen Röcken und hochhackigen Schuhen betont. Das absolute Highlight aber sind ihre phantastisch grossen Brüste, wahre Naturwunder.

Mein erstes erotisches Abenteuer mit ihr erlebte ich leider nur per Zufall als Zuschauer (aber wer wäre da nicht zum Spanner geworden).

Zu unsrem Mietshaus gehörte selbstverständlich auch eine Waschküche im Keller, gut ausgerüstet mit Waschmaschinen, Trocknern und einer langen, schmalen Sitzbank ohne Lehne sowie einem Abstelltisch. Außerdem gab es noch an der Decke befestigte Wäscheleinen, an der auch an dem bewussten Tage Kleidungsstücke hingen.

Tagsüber herrschte in dem Waschraum für gewöhnlich reger Betrieb und so wollte ich meine Wäsche am frühen Morgen in Ruhe waschen. Aus der Waschküche schimmerte an diesem Morgen Licht und als ich mich der Tür näherte, hörte ich undeutliche Geräusche, sie klangen wir ein seufzen oder keuchen.

Ich traute meinen Augen kaum: Vor den Waschmaschinen stand Waltraud, aber nicht alleine......Alex, unser Hausmeister, hatte sich von hinten an sie geschmiegt, seine Arme um sie gelegt und massierte gefühlvoll ihre Brüste. Alex ist Mitte 30, er hatte den Job vor 6 Monaten übernommen. Wir nannten ihn nur Arni (nach Arnold Schwarzenegger), weil er als Hobby Bodybuilding betrieb. Ein echter Arnold war er zwar nicht, aber doch gut durchtrainiert und muskulös.

Waltraud genoss die Massage. Sie trug ein knielanges blaues Kleid, gleichfarbige hochhackige Pumps und fleischfarbene Strümpfe. Jetzt lehnte sie sich zurück, drehte Alex ihren Mund entgegen und dann gönnten sich beide einen langen intensiven Zungenkuss...

Rasch nutzte ich die Gelegenheit, meinen Standort zu verbessern und konnte nun, getarnt von der herabhängenden Trockenwäsche, alles aus der "1. Reihe" beobachten.

Alex zog langsam den rückenlagen Reißverschluss des Kleides auf und zog es Waltraud langsam über die Schultern. Sie zuckte unwillkürlich, liess sich aber widerstandslos ausziehen. Er zog es ihr bis zu den Hüften herunter und dann rauschte es von selbst zu Boden....wooow!!! Die scharfe Tante trug sogar einen Strapsgürtel....ich konnte beim zuschauen kaum noch ruhig bleiben, aber die beiden hatten zu meinem Glück ihre Umgebung vergessen.

Sie küssten sich wieder und Alex streifte Waltraud den BH ab. Er konnte es kaum erwarten Ihre Titten noch intensiver zu verwöhnen. Er massierte sie erneut, zwirbelte die grossen Nippel zwischen seinen Fingern ...Waltraud begann leise zu stöhnen; ihre Hand wanderte nach hinten auf Alex' Hose.

"Komm, dreh Dich um" keuchte er leise und dann saugte er wie ein Baby an Waltrauds Nippeln, umkreiste ihre Knospen mit seiner Zunge. Waltrauds Erregung steigerte sich "Jaa, mach weiter, oh ist das schön" hörte ich sie stöhnen. Beide steigerten das Vorspiel weiter, Alex packte Waltraud an den Hüften, hob sie mit einem kräftigen Ruck hoch und legte sie auf die Waschmaschine. Sofort beugte er sich über sie und liebkoste weiter ihre Brüste, seine Hände glitten an ihrem Körper herunter, erreichten den Slip, den er ihr nun mit raschem Griff abstreifte. Dann küsste er noch mal ihre Brüste und ließ nun seine Zunge auf Entdeckungsreise gehen. Langsam, ganz langsam gleiteten Lippen und Zunge tiefer, während er nun mit seinen Händen weiterhin Ihre Titten massierte. Waltraud wurde zu Wachs unter seinen Berührungen, sie seufzte und schnurrte wie ein Kätzchen.

Endlich erreichten seine Lippen die Stelle, wo es bei Waltraud am heftigsten pulsierte.....als er mit seinem Kopf zwischen ihre Schenkel tauchte, stieß Waltraud einen nicht mehr zu unterdrückenden Lustschrei aus. "Aaaahhhhh, jaaaa, ist das geil, ooohhhhh hast Du eine geile Zunge!!!" stiess sie ungehemmt hervor. Alex musste schon kräftig zupacken, um seine Gespielin zu bändigen. Lange hielt sie es nicht mehr aus, mit einem spitzen Schrei kam sie zum ersten Höhepunkt "Ja, ja, ich...ich komme, ich komme, jjjjaaaa!!!!"

Alex liess sie erst wieder zur Besinnung kommen, währenddessen küsste und streichelte er ihren zuckenden Körper weiter. Aber nun wollte er auch verwöhnt werden. Er halt Waltraud von der Maschine herunter. Sie küsste seinen muskulösen Body und ging dabei vor ihm auf die Knie, streifte ihm nun die Sporthose herunter und dann den mittlerweile fast platzenden Slip. Sein Liebesstab sprang ihr wie ein Taschenmesser entgegen....."Wooowww" flüsterte sie anerkennend, "Der braucht ja gar keine Spezialbehandlung mehr..." Dennoch liess sie ihre Zunge an seinem Zauberstab hochgleiten und über und um seine Nille tanzen. Alex Gesicht war lustverzerrt, er keuchte. Noch zwei, dreimal liess Waltraud ihre Zunge auf und abwärts gleiten und dann schluckte sie seinen Speer fast bis zum Anschlag. Das war auch für Alex zuviel, er stiess einen lauten Schrei aus, bäumte sich auf...Das hielt er nicht mehr länger aus.

"Ich kann nicht mehr, leg Dich hin" Mit diesen Worten zog er Waltraud hoch und sie legte sich bereitwillig auf die schmale Bank, streckte ihm ihr Becken mit der vor Nässe glänzenden Pussy entgegen. Alex konnte es kaum noch abwarten. Er setzte sich vor sie, drückte ihre Beine nach oben....Beide stöhnten laut auf, als er in sie eindrang. Er bewegte sich erst langsam, was ihm sichtlich schwerfiel, dann steigerte er sein Tempo und entlockte Waltraud damit immer neue Lustschreie. Das reife Luder ging total ab, sowas hatte ich noch nie gesehen. Kurz vor ihrem erneuten Höhepunkt wechselten sie nochmal die Stellung. "Knie Dich hin Puppe, ich mach's Dir von hinten" stöhnte Alex. Kaum war Waltraud auf den Knien zog Alex Ihren strammen Po noch etwas hoch, hielt sie an den Hüften fest und stiess seien Lustspender bis zum Anschlag in ihre Liebesgrotte. Waltraud kreischte vor Erregung "Oooohhh, ist der lang, so stark, jjjaaa fick mich durch, Du geiler Bock, besorgs mir, mach mich fertig!" Die Frau schien gar nicht mehr sie selbst zu sein. Auch Alex konnte das nicht mehr lange durchhalten, Schweissperlen rannten über seinen Körper. Waltraud kam zuerst...sie zitterte am ganzen Körper, sie bäumte sich auf, trommelte mit den Händen auf die Liege....mit zwei-, drei Lustschreien kam sie zum Orgasmus. Keine Sekunde zu früh für Alex, der sich nicht mehr zurückhalten konnte "Jetzt, jetzt komm ich, ich spritze, jjaaaa, jjjaaa, jjjeeeettzzzttt" und schon überflutete sein Liebessaft Waltrauds Rücken. Dann sackte er völlig erschöpft über ihr zusammen....

Beide stöhnten noch vor sich hin, für mich die beste Gelegenheit, mich noch ungesehen zurückzuziehen.
'Dieses Erlebnis verfolgte mich noch den restlichen Tag. Die beiden hatten mich richtig heiss gemacht. Waltraud

musste ich auch einfach kennenlernen...aber da kam noch etwas anderes dazwischen.

Nach der heissen Nummer im Waschkeller zwischen Waltraud und Alex wartete ich auf die passende Gelegenheit, mit Waltraud auf Tuchfühlung zu kommen. Das ergab sich dann auch einige Tage später bei einem Straßenfest. Ich bin zwar kein talentierter Tänzer, aber an diesem Abend war dies die beste Gelegenheit, sich an die griffige Nachbarin heranzumachen.

Wir tranken einiges, kamen uns schnell näher und Waltraud ließ auch sehr deutlich durchblicken, dass sie auf jüngere Männer steht. Na, und ihr Rock rutschte auch nicht nur zufällig hoch, um das Ende der Nylons blitzen zu lassen....Über ein bisschen Knutschen und Fummeln kamen wir aber an diesem Abend nicht hinaus. Denn Waltraud war in ihrer Wohnung zur Zeit nicht alleine. Ein Aupair-Mädchen aus Lettland war für einige Zeit bei ihr untergebracht. Sie hieß Lena, 17 Jahre jung und ein wahrer Männertraum. Ich hatte sie schon zwei- dreimal gesehen, ohne mit Ihr sprechen zu können. Die langen blonden Haare reichten ihr bis zu den Hüften, dazu lange Beine und eine wohlproportionierte Figur, mit einem Wort, ein Girl dem man nachpfeift. Noch ahnte ich nicht, wie ich auch sie kennenlernen würde.

Waltraud traf ich 3 lange Tage später im Hausflur. "Komm morgen um 11, Lena ist dann nicht da." flüsterte sie mir kurz zu und drückte mir den Zweitschlüssel zu ihrer Wohnung in die Hand. So mußte ich wegen evtentuellen neugierigen Mitbewohnern nicht klingeln.

Zum Glück konnte ich mir noch kurzfristig frei nehmen und wartete nun ungeduldig auf den nächsten Tag. Am nächsten Morgen stand ich schon frühzeitig auf, um mich ausgiebig im Bad vorzubereiten. Dann kam mir eine Idee: Warum noch bis 11 Uhr warten? So kam mir der Gedanke, Waltraud zu überraschen.

Im Trainingsanzug gings rasch und leise nach oben. Ich hatte Glück, traf keinen Menschen und öffnete dann leise die Tür zu Waltrauds Wohnung. Geräusche drangen aus dem Bad. Ich schaute mich kurz um. Auf einem Stuhl im Schlafzimmer lagen Unterwäsche und Waltrauds hauchdünne Nylonstrümpfe. Auf dem französichen Bett ein schwarzer Ledermini und eine weiße Bluse. Auf dem Teppich davor warteten die hochhackigen Pumps auf ihre Besitzerin.

Zurück im Flur überlegte ich mein weiters Vorgehen, aber in diesem Moment trat Waltraud aus dem Badezimmer, nur mit einem Badetuch notdürftig bekleidet.....Wir erschraken beide ein wenig, aber mein Blick wurde von ihrer Mega-Oberweite magnetisch angezogen. "Hey, gleich fallen Dir die Augen raus, außerdem bist Du zu früh" lächelte sie mich an. "Aber dann kannst Du mir ja den Rücken eincremen, leg Deine Sachen ins Schlafzimmer....und beeil Dich, ich warte!" und damit verschwand sie wieder im Bad. Ich nun nix wie raus aus meinen Klamotten, ich warf sie einfach auf den Boden. Langsam öffnete ich die Badezimmertür; Waltraud stand bereits unter der Dusche. Bei dem Anblick zeigte mein Zauberstab schon erste Regung....."Dreh Dich um, Du sollst auch noch Vorfreude haben!" Waltraud drehte sich zur Wand und nun fiel mein Blick direkt auf ihren strammen Po....Wahnsinn!!!!!! Im nu stand ich hinter ihr und begann, sie so gefühlvoll wie möglich mit dem Duschgel einzucremen. Nach kurzer Zeit begann sie leise zu seufzen. "Ja, das ist schön, Du hast so zarte Finger, oja, mach weiter!"

Minuten später ging ihr Atem heftiger, jetzt wurde es Zeit, richtig zur Sache zu kommen. Rasch nahm ich noch eine ordentliche Portion Duschgel in die Hand und dann wanderten meine Hände langsam auf ihrem Körper herum nach vorne, zu den wippenden strammen Brüsten. Waltraud stöhnte leise auf, als ich ihre Titten langsam zu kneten und die Knospen mit meinen Fingerspitzen zumassieren begann, die in null komma nichts ganz hart wurden. Dabei drückte ich mich von hinten an ihren Po, und massierte so meinen Freudenspender. Es war schon irre geil, Waltraud stöhnte jetzt lauter, ich küßte sie auf die Schulter, den Nacken und ließ meine Zunge dann langsam an ihrem Hals hochgleiten....Sie lehnte sich zurück...."Komm, küss mich" forderte ich sie auf und im nächsten Augenblick trafen sich unsere Lippen und wir versanken in einem intensiven Zungenkuss. Langsam ließ ich eine Hand herunter zu ihrem Lustdreieck gleiten. Waltraud zuckte, als meine Finger ihre feuchte Spalte berührten. Zunächst streichelte ich sie nur vorsichtig, dann verstärkte ich langsam den Druck...."Ooohhhh nein, nein, hör auf hör auf, sonst explodier ich gleich" stöhnte sie plötzlich und begann sich zu winden. "Ja komm, lass Dich gehen, ich will sehen wie Du kommst" feuerte ich sie an und schob dabei 2 Finger in ihre zuckende Spalte....und das geile Luder kam wirklich und schneller als erwartet. "Aaahhhh, jjjjaaaa, ich ko...ich kommeee, jjaaaa!!!" schrie sie plötzlich auf und klammerte sich in höchster Erregung an mir fest, bäumte isch dabei auf....irre!

Einige Minuten später hatte sie sich wieder gefangen und jetzt konnte ich mich von ihren perfektenFranzösichkenntnissen überzeugen. "Oh Mann, so gut kann das keine Zwanzigjährige" stöhnte ich. Das erfahrene Luder brachte mich einige Male an die Grenze, verhinderte aber immer wieder meinen Höhepunkt. "Oh nein, noch wird nicht gespritzt" lachte sie, als ich mich wieder laut stöhnend an die Kacheln der Dusche presste. "Komm, trockne mich ab, wir gehen ins Schlafzimmer!"

So hatte ich noch Zeit, mich wieder herunterzufahren, denn während iwr uns gegenseitig abtrockneten küssten und streichelten wir uns immer wieder, dabei öffnete ich noch ihre Haarspange und gab die rotbraune Lockenpracht frei. Im Schlafzimmer setzte sich Waltraud auf die Bettkante, zog mich heran und kümmerte sich gleich wieder hingebungsvoll um mein bestes Stück. Sie machte mich damit total heiß, zwei-dreimal konnte ich einen Aufschrei nicht unterdrücken, mir wurde richtig weich in den Knien. Ich griff mir Ihre auf dem Bett liegenden Nylons und ließ sie über Waltrauds Körper gleiten. Sie bekam eine Gänsehaut..."Leg Dich hin, ich halt das nicht mehr aus!" keuchte ich, warf mir ihre Seidenstrümpfe wie einen Schal um den Nacken, ließ mich vor ihr auf die Knie fallen und küßte ihre Beinen hoch bis zu den strammen Schenkeln. Jetzt tauchte ich zwischen ihre Beine...Waltrauds Stöhnen steigerte sich zu Lustschreien, als ich nun mit meiner Zunge ihre Muschi zu verwöhnen begann. Sie warf sich auf dem Bett hin und her..."Komm jetzt, fick mich, fick mich doch endlich, steck ihn endlich rein!!" schrie sie mir fast zu, sie war auch wirklich schon richtig nass....

Ich schob mich über sie und setze meinen Zauberstab vorsichtig an, drang langsam in die weiche zuckende Grotte ein...und stieß dann kräftig zu. Waltraud reagierte wieder mit einem lauten Lustschrei, dabei wand sie sich unter mir. Ich blieb einen Moment regungslos..."Oooohhh nein, mach mich nicht verrückt, beweg Dich, beweg Dich" stöhnte sie. "Ja, ja, so ist es gut, mach weiter, zieh mich durch, ooohhh ist das geil!"

Ihr könnt mir glauben, ich bin bestimmt kein Superstecher, aber das war auch gar nicht nötig. Waltraud war so irre geil, die wäre bei jedem abgegangen...Sie war jetzt fast soweit, aber einen Stellungswechsel wollte ich wenigstens. "Dreh Dich auf die Seite, hoch das Bein" kommandierte ich und legte mich neben sie. Waltraud gehorchte, zitternd vor Erregung. Ja, so war es bequemer für mich. Sie hatte ihr linkes Bein nach oben gestreckt, ich stütze es mit meinem und drückte sofort wieder meinen Riemen in Ihre Möse. Waltraud kreischte vor Erregung auf und hielt jetzt nur noch wenige Minuten und Stöße durch...Sie krallte sich an mir fest, stieß irre Laute aus und dann explodierte sie richtig, ich glaube, sie kam gleich zweimal hintereinander.

Nach einem letzten Aufbäumen sank sie völlig erschöpft in die Kissen. Ich rollte auf den Rücken- und plötzlich stand Lena vor dem Bett, keine Ahnung, wie lange uns die Kleine schon beobachtet hatte. Sie trug nur ein bauchfreies Top und knappe Hotpants....ohne ein Wort zu sagen setzte sie sich neben mich und griff sich meinen Schwanz. Die Fingermassage entlockte mir ein Aufstöhnen, sie lächelte, senkte plötzlich Ihren Kopf und dann konnte ich mich davon überzeugen, dass sie in puncto französisch keine Nachhilfe mehr benötigte.

Die Blasnummer ging mir durch bis in die Zehenspitzen....."Aaaahhhhjjjjjaaaa, jjaaaa ich spritze, ich spritze!!!" und dann explodierte mein Zauberstab noch halb in ihrem Mund. Waltraud hatte sich zwischenzeitlich von ihrem Megaorgi erholt und saugte mir nun auch noch den letzten Tropfen raus...Ich war total ko. "Ruh Dich aus, wir gehen zuerst ins Bad" flüsterte mir Waltraud ins Ohr und hauchte mir noch einen Kuss auf die Wange.

Endlich wieder Wochenende! Lena wird endlich 18 und Alex und ich sind zu ihrer Geburtstagsfeier im "intimen Kreise" eingeladen. Lena hatte mich gebeten, ihr bei den Vorbereitungen zu helfen, da Waltraud erst gegen Nachmittag von einem Kurzausflug zurückkommen würde.

So war ich denn schon gegen 11 Uhr bei ihr. Lena war schon in Aktion, sie trug nur ein kanppes, bauchfreies Top, unter dem sich die süßen Nippel ihrer Brüste deutlich abzeichneten und ebenso knappe Hotpants. In dem Outfit hätte sie auf der Straße bestimmt für einen Auffahrunfall gesorgt....

Zu zweit kamen wir gut voran und waren recht schnell mit dem Dekorieren etc. fertig, nur einige Papierschlangen wollte die Kleine unbedingt noch aufhängen. "Hälst Du bitte die Leiter?" Ohne meine Antwort abzuwarten, steigt sie drei Sprossen hinauf und nun habe ich genau Ihren süßen Po vor meiner Nase. Sorry, aber das halte ich nun nicht mehr aus. Ich streichele sanft ihre Beine und hauche ihr einen Kuß auf den Schenkel...Lena zuckt leicht. "Hey, erst die Arbeit" säuselt sie mir zu. "Och, wir sind doch fast fertig und haben noch so viel Zeit" flüstere ich zurück, lasse meine Hände nach vorne gleiten und öffne den Knopf ihres Höschens. Lena leistet keinen Widerstand, als ich ihr die knappen Shorts und auch gleich den Slip abstreife. "Du gehst aber ran" haucht sie, und ich spüre ihre langsam aufsteigende Erregung.

Ich streichele sie weiter, küsse ihren Po und lasse meine Finger jetzt langsam zwischen ihre Beine gleiten, wobei Lena leise stöhnt..."Komm, dreh Dich um. Süße" Kaum hat sich Lena umgedreht, küsse ich wieder ihre Beine und streichele Sie weiter. Lena streift sich ihr Top ab und läßt es neckisch auf mich fallen. Endlich findet meine Zunge den Weg zu ihrer Pussy...die Kleine ist schon richtig feucht. Ich beginne sie intensiv zu lecken. Das bringt die Süße in Fahrt, sie stöhnt wieder leise und krault meinen Nacken... Ich lecke sie weiter, schiele nach oben und sehe wie sich ihre süßen Titten im Takt wiegen. Immer heftiger reagiert Lena auf meine Liebkosungen, sie krallt sich an der Leiter fest...."Komm, zieh endlich Deine Hose aus, ich halt das nicht mehr aus" keucht sie plötzlich. Ich löse mich von Ihr und entledige mich in Windeseile meiner Beinkleider, dann folgt ein intensiver Zungenkuss, wobei Lena ihre Hand über meinen Freudenspender gleiten läßt und eine vorsichtige Massage beginnt "Oohh" zucke ich kurz vor Erregung. Lena lächelt "Lehn Dich an die Leiter." Ich folge ihr sofort, steige dabei drei Sprossen hoch. Jetzt kann sie meinen Zauberstab im stehen verwöhnen. Sie streichelt ihn noch zärtlich, läßt dann ihre Zunge um meinen Riemen tanzen und saugt dann an der Eichel. Ich stöhne auf und gerate dann immer mehr in Fahrt. Das Girl hat den Bogen wirklich raus, sie bläst und saugt, dass mir Hören und Sehen vergeht. "Aaahhjjjjaaa, oohh machst Du das gut, oh ja mach weiter, nicht aufhören, bitte nicht aufhören" stöhne ich nur noch und klammere mich an die Leiter.

Zweimal verhindert sie geschickt meine Explosion, aber jetzt will sie auch mehr "Komm jetzt, komm, gib mir Deinen Schwanz, ich will Dich spüren". Wir machen es uns ganz einfach. Ich lege mich auf den Teppichboden und schon schwingt sich Lena über mich, greift sich mein Rohr und stößt dann einen Lustschrei aus, als ich in sie hineingleite "Aaaaaaaahhhhhh, ooohhhh ist der hart!!!" Sie lehnt sich nach hinten und gibt dann richtig Gas....wir keuchen und stöhnen um die Wette "Ja reit mich, beweg Dich, Du kleine Sau" feuere ich Lena an.

Jetzt möchte ich aber doch noch einen Stellungswechsel...."Leg Dich auf die Couch, ich will sehen wier Du kommst" keuche ich nur noch. Sie gehorcht sofort, legt sich auf den Rücken und klappt ihre langen Beine auseinander. Ich dringe sofort in sie ein, was der Maus wieder einen Aufschrei entlockt.

Ich bin im richtigen Takt, spüre schon, wie der Saft emporsteigt. Lena windet sich, bemerkt, dass ich mich kaum noch beherrschen kann. "Na, gefällt Dir das , Du geiler Bock ?" "Ooohh, Du machst mich verrückt" stöhne ich noch..und dann ..."Mach weiter, weiter, ich komme gleich" stöhnt Lena plötzlich mit lustverzerrtem Gesicht wie verrückt und schlingt ihre Beine um mich. "Jaa jeetzt, jeeetzt" "Ja Baby, ich auch, ich spritze, ich spritze" und dann vermischen sich unsere Orgasmusschreie, als meine Sahne hinausschießt, wobei ich meinen Lustspender gerade noch aus ihr herausbekomme, so dass sich alles auf Ihre Brust ergießt.

Das kleine Luder verreibt das Sperma noch über ihren zuckenden Körper...Ich lasse mich neben Sie auf die Couch fallen und Lena wichst noch die letzten Tropfen aus meinem zuckenden Glied......

Schließlich nehmen wir uns in die Arme und küssen uns wieder. Geduscht haben wir dann auch noch, aber getrennt, denn auf Lenas Party wollten wir noch frisch sein....und da gab's dann auch noch Überraschungen...

Ein besonderes Erlebnis

Endlich wieder warme Tage und das so hoffe ich für die nächste Zeit, denn ich wollte wieder meinem Sommerhobby frönen, dem FKK-Baden.

Am Montag begann mein redlich verdienter dreiwöchiger Urlaub. Also fuhr ich heute am Samstag mit meinem Fahrrad an den See der in der Nähe von München liegt und wollte an meinen Stammplatz, aber der war schon belegt. Und wie. Wow, dort lag eine Frau die zwar ihre "besten" Jahre, (ich schätzte sie auf Mitte 50) hinter sich hatte, aber was ich sah veranlasste mich, mich sofort auf den Bauch zu legen. Also breitete ich so schnell es ging meine Decke aus und legte mich hin. Gerade rechtzeitig, denn die schöne unbekannte drehte den Kopf in meine Richtung und lächelte mich an. "Sie sollten sich eincremen oder wollen sie sich einen Sonnenbrand holen"" sagte sie zu mir "Nein, nein, mach ich gleich ich will mich nur kurz vom radeln erholen, denn ich konnte heute gar nicht schnell genug an den See kommen. Ich bin nämlich schon seit ein paar Jahren hier sozusagen Stammgast, ich heiße übrigens Jochen." "Hi Jochen, ich bin die Ilona, was hältst du davon wenn wir uns gegenseitige eincremen ich bin auch gerade erst gekommen." Nichts dagegen." sagte ich.

Ich stand also auf, was mittlerweile auch wieder ging, ging zu meinem Fahrrad holte meinen Korb mit meinen Sachen, nahm die Sonnenmilch und begann mich einzucremen. Immer wieder musste ich zu Ilona schauen, sie hatte wundervolle Brüste die man mit einer Hand kaum halten konnte und trotz ihres alters kaum hingen. Für diese Brüste hätte sie so manch weitaus jüngere Frau sehr beneidet. Auch hatte sie keine rasierte Muschi so wie es die meisten anderen hatten, aber bei ihr gefiel mir das, denn es passte einfach zu ihr. "Dir muss sehr gefallen was du siehst", riss sich mich aus meinen Gedanken, "mir gefällt jedenfalls was ich sehe." Ich brauchte gar nicht an mir herunter zu schauen, ich wusste auch so was los war und wollte meinen Schwanz mit meinen Händen bedecken. "Nicht, bitte lass ihn mich sehen." sagte Ilona. Zu so früher Stunde waren wir noch ziemlich allein am See, Ilona stand auf, jetzt konnte ich sie in ihrer ganzen Schönheit betrachten, was meinen Schwanz noch härter machte als er eh schon war und kam auf mich zu. Ich wollte mich gerade auf den Bauch legen als sie zu mir sagte ich solle sitzen bleiben, sie wolle mir den Rücken auf eine besondere Art einreiben. Dann stellte sie sich breitbeinig vor mich hin, nahm die Sonnenmilch, beugte sich über meinen Kopf und cremte mir den Rücken ein. Mir blieb die Luft weg, weil ich jetzt genau ihre Muschi vor meinen Augen hatte. Auch an ihr schien die ganze Situation nicht spurlos vorbei gegangen zu sein, denn erstens ging ein sehr betörender Duft von ihrer Muschi aus und zweitens sah ich das ihre Schamhaare im Schritt total nass waren.

Während sie meinen Rücken einrieb schaute ich mich um, ob uns jemand beobachten würde, es war niemand zu sehen. Also dachte ich mir versuch"s halt, mehr als schief gehen kann es nicht. Ich fasste sie an beide Knöchel an und ließ meine Hände langsam nach oben wandern,
streichelte ihre Kniekehlen was sie mit einem "Mmmmh" quittierte. Jetzt wanderten meine Hände die, wohl gemerkt, strammen, Oberschenkel hoch zu ihrem knackigen Po. Diese Frau musste ganz schön Sport betreiben, sonst hätte sie nicht einen solchen Body. Als ich an ihrem Po angekommen

war massierte ich ihn leicht. "Au ja, mach bitte weiter", sagte Ilona und richtete sich auf. Dann hielt ich ihren Po fest und gab ihr gleichzeitig einen Kuss auf ihre Muschi und strich mit meiner Zunge über ihre Schamlippen. Zu meiner Überraschung schmeckte sie im Schritt nicht nach Muschisaft sondern nach etwas ganz anderem, leicht salzig und gleichzeitig auch etwas süßlich. Ich merkte wie Ilona sich auf einmal versteifte. "Kann uns jemand beobachten"" fragte ich. "Nein", sagte Ilona, "was hast du vor"" "Entspann dich." sagte ich zu ihr und leckte mit meiner Zunge über ihre Muschi, beim nächsten Mal drang ich mit meiner Zunge in sie ein und ich leckte langsam von unten nach oben und genoss diesen unwiderstehlichen Geschmack. Als ich mit meiner Zunge über ihren Kitzler strich versteifte Ilona sich und ein Schwall Flüssigkeit überschwemmte meinen Mund und ich schluckt automatisch alles. Ilona schob mich von sich weg. "Es geht nicht!" sagte sie traurig, "Ich würde so gerne einmal so zum Orgasmus kommen, aber es geht eben nicht." "Was hast du Ilona es war doch alles ok, du schmeckst wunderbar, ehrlich." sagte ich. Sie schaute mich an und sagte: " Hast du es denn nicht gemerkt, ich schäme mich ja so und es tut mir auch leid, das du etwas abbekommen hast, ich habe beim Sex meine Blase nicht unter Kontrolle und das ist widerlich." "Ilona ich muss dir auch etwas beichten, ich habe es vorhin genossen als du dich nicht mehr unter Kontrolle hattest, ich mag das nämlich musst du wissen, so jetzt weißt du"s. Ich müsste mich eigentlich dafür schämen.

Ilona setzte sich neben mich und so saßen wir beide schweigend da und ich merkte, dass Ilona mit sich kämpfte. "Und das macht dir echt nichts aus wenn du mein Pipi trinkst, du magst das wirklich" Würdest du mich ehrlich

weiter lecken"" fragte Ilona. "Ja und nochmals Ja, also
komm wieder her und schau bitte ob wir alleine sind." sagte
ich zu Ilona. Sie stand auf, schaute sich um kam auf mich
zu und stellte sich wieder in Position. Ich hielt wieder ihren
Po fest und vergrub mein Gesicht in ihrer Muschi. Dann
fing ich an zu lecken, diesmal gezielter an ihrem Kitzler, bis
auch leicht hinein und hörte Ilona immer schneller atmen.
Mit ihrem Becken vollführte sie Fickbewegungen und ich
stieß meine Zunge im gleichen Rhythmus in ihre Möse und
bearbeitete ihren Kitzler. Sie wurde immer hektischer und
dann kam der Orgasmus über sie. Sie stützte sich fest auf
meinen Schultern ab und mit meinen Händen hielt ich ihren
Po. Das schönste war, das sie bei Ihrem Orgasmus zuerst
abspritzte und kurz danach einen goldenen Schwall folgen
ließ, ich ließ mir jeden Tropfen schmecken, einfach herrlich.

Ilona stieg von mir herunter und als ich sie ansah, sah ich
dass sie Tränen in den Augen hatte. "Was ist los"" fragte
ich Ilona. "Es war so schön, so unendlich schön und als ich
gemerkt hab, dass du es wirklich ernst gemeint hast mit
dem, dass du alles schluckst, konnte ich mich endlich einmal
fallen lassen und einen Orgasmus richtig genießen." sagte
Ilona. Dann setzte sie sich hin und atmete ein paar Mal tief
durch. "So, " sagte ich, "jetzt bist du dran mit Rücken
eincremen, gleiches Recht für alle." Ilona lächelte mich an
und meinte nun müsse ich aber Obacht geben ob wir
Zuschauer haben. Also stellte ich mich so vor Ilona wie sie
es bei mir getan hatte, schnappte mir die Sonnencreme und
begann ihr den Rücken einzucremen.
Es dauerte nicht lang da spürte ich ihre Hand an meiner
Eichel und wie sie zärtlich über meinen Schwanz strich.
"Komm stell dich hin, " "sagte Ilona und kurz darauf war
mein Schwengel auch schon in ihrem Mund verschwunden.

Da Ilona sich jetzt mit den Händen am Boden abstützte fing ich damit an in ihren Mund zu ficken. Aufgegeilt wie ich war dauerte es nicht lang bis ich merkte das es mir kommt, das sagte ich auch Ilona, die daraufhin nur ein "Mmmmh", von sich gab und dann ergoss ich mich in ihrem Mund. Ilona saugte so lang weiter bis auch wirklich nichts mehr kam.

"Auf diese Art und Weise habe ich noch nie Rücken mit Sonnencreme eingerieben, das könnte bei mir zu einer Tradition werden." lachte ich. Auch Ilona grinste mich schelmisch an.

"Wenn mir heute früh jemand erzählt hätte, das ich einer mir unbekannten, unheimlich geil aussehenden Frau, die Möse lecke und die mir dafür zum dank all ihre Säfte schenkt und die mir im Gegenzug einen bläst, das mir die hören und sehen vergeht, den hätte ich für verrückt erklärt." sagte ich.

Meinst du das wirklich ernst, das mit, du weist schon, dem aussehen und dem schlucken, wie alt bist du eigentlich, entschuldige wenn ich neugierig bin, aber ich könnte deine Mutter sein."

"Also ich verrate dir nur meine alter, wenn du mir deines verrätst, in Ordnung."

"Ja, ok."

"Also erstens, ich meine das was ich gesagt habe und zweitens, ich bin fünfundzwanzig Jahre alt. So und jetzt Du."

"Also ich bin, ich bin, äh, sechsundfünfzig, so jetzt weißt du es".

"Echt, Wahnsinn, das hätte ich nun wirklich nicht gedacht, bei der Figur"

Wir standen auf und ich packte meine Decke und meinen Korb und legte mich neben Ilona. "Das du mich heute angetroffen hast ist purer Zufall, denn normalerweise arbeite ich Samstags und ich habe mir heute eine Auszeit gegönnt, weil die Woche so stressig war." sagte Ilona. "Was machst du denn"" fragte ich. "Ich habe eine Boutique in München und ich war die ganze Woche auf einer Messe." sagte Ilona. "Meine Angestellte, oder besser gesagt, meine rechte Hand, Monika, hat das Geschäft geführt und was machst du so, wenn du nicht gerade am FKK-See liegst und alten Frauen den Kopf verdrehst"" "Ich trau mich gar nicht das zu sagen, ich bin LKW-Fahrer und habe ab nächster Woche drei Wochen frei und mir vorgenommen sehr atraktiven Frauen in den besten Jahren den Kopf zu verdrehen." sagte ich.
"Lasss uns mal testen ob wir schon ins Wasser gehen können." schlug Ilona vor. Wir standen auf und gingen die paar Schritte zum Wasser und hielten vorsichtig unsere Zehen hinein. "Sehr hübsche Füße hast du und vor allem sehr schöne Zehen. Ich könnte mir vorstellen, dass du nichts dagegen hättest, wenn ich ihnen einmal meine besondere Aufmerksamkeit zukommen lasse"" fragte ich Ilona. Dass ich damit genau ins Schwarze getroffen hatte zeigte mir ein Blick auf ihre Brüste, ihre Nippel wurden schlagartig steif.

"Woher weißt du" Du scheinst meine Intimsten Wünsche zu kennen, das ist ja schon bald unheimlich! Las uns schwimmen gehen, das Wasser hat ja schon eine angenehme Temperatur und nachher erzählst du mir von deinen Phantasien." sagte Ilona. Zuerst schwammen wir ein Stück hinaus, wobei mich Ilona jedes Mal anstrahlte wenn sich unsere Blicke begegneten. Dann kam sie auf mich zu geschwommen und gab mir einen Kuss und sagte mir wir sollen ins seichtere Wasser schwimmen und wer zuerst da ist hat einen Wunsch frei. Ilona war wirklich sportlich und ich, als junger Spund, hatte mühe mit zu halten. Ich ließ sie gewinnen, schon deshalb, weil ich wissen wollte, was sie für einen Wunsch hat. "Gewonnen." rief sie. "Also, was wünscht du dir"" fragte ich. "Ich wünsche mir, das du deinen Urlaub mit mir verbringst, oder hast du schon etwas vor"" "Jetzt schon!" sagte ich, "dein Wunsch ist mir Befehl!" Ich stellte mich im seichten Wasser ganz dicht an sie heran, schaute an ihr herunter und fragte sie: "Sind deine Nippel so hart, weil das Wasser doch noch ein wenig kalt ist, oder ist es die Vorfreude auf den Urlaub mit mir"" "Na, dann rate doch mal." sagte sie und ging langsam zum Ufer. Sie sah einfach fantastisch aus, ihr alter sah man ihr wirklich nicht an.

"Du hast mir noch nichts von deinen Phantasien erzählt, also los." drängte Ilona. "Also meine Phantasie ist die, dass meine Freundin am Wochenende für mich nackt ist, das ist schon alles, nicht so spektakulär, oder"" fragte ich. "Nein nicht so sehr, aber, Jochen, hast du das vorhin ernst gemeint, dass du deinen Urlaub mit mir verbringen möchtest"" "Ja Ilona, sehr gerne sogar." "Las uns was essen und trinken", schlug Ilona vor und so packten wir beide unsere Brotzeit aus und dann tat Ilona etwas das bei mir in den unteren Regionen eine spontane Reaktion auslöste: Sie setzte sich mir gegen über in den Schneidersitz und gab mir einen einzigartigen Blick auf ihre Muschi frei. Der Anblick der sich mir bot war folgender: Umrahmt von ihren schwarzen Schamhaaren hatten sich die Schamlippen geöffnet man sah ihren Kitzler und den Eingang zu ihrer Möse. Ilona sah die Bescherung, sah dann an sich herunter und dann mir ins Gesicht. "Das dich das so anmacht, ich dachte ihr jüngeren steht nur auf kahle Mösen"" "Dann bin ich wohl völlig aus der Art geschlagen, mir gefällt dein Busch sehr." Dann sagt sie, "Du es ist gerade niemand in unserer nähe, tust du mir einen gefallen, holst du dir selber einen runter, ich möchte gerne zusehen und außerdem erregt das weniger Aufmerksamkeit." "Na wenn du meinst" sage ich und fange an. Während ich mir also einen runterhole macht Ilona eine kleine Plastikschüssel mit Salat auf und schaut dabei gespannt auf meinen Schwanz. "Sag mir wenn es dir kommt, ja." "Ja, es ist gleich soweit, jetzt, jetzt." In dem Augenblick nimmt Ilona ihr Salatschälchen und lässt meine Sahne auf ihren Salat tropfen, holt aus ihrem Korb einen Behälter mit Salatdressing, gießt ihn über den Salat und verrührt alles gut mit meiner Sahne. Ich hatte mir auch einen Salat hergerichtet und hätte jetzt auch gerne einen Saft von Ilona gehabt, aber wegen der Leute ringsumher konnte ich sie schlecht zum Orgasmus und somit zum spritzen bringen, denn soviel hatte ich schon gemerkt, Ilona gehört zu den wenigen Frauen, die das können. Aber ich hatte eine Idee, wenn ich es mir selber machen kann, dann kann sie es auch. "So Ilona, jetzt du, stell meine Salatschüssel zwischen deine Beine und mach es dir selbst." Ilona schaute mich auf eine verwegene Art an, wie es glaub ich nur ältere Frauen tun können. Allein davon hätte ich einen Steifen kriegen können, wenn ich nicht gerade erst abgespritzt hätte. Also fing Ilona an ihre Muschi zu bearbeiten, achtete dabei aber darauf, dass es um sie herum niemand mitbekam. Dann kam es ihr und ein Schwall ergoss sich in meinen Salat. Durchschütteln brauchte ich den nicht mehr, im Gegenteil, der Salat schwamm im "Dressing". "Guten Appetit!" wünschte mir Ilona. Ich habe nie besseren Salat gegessen.

Danach haben wir erst einmal ein bisschen gedöst und da jeder ja davon ausgegangen war an diesem Tag am See niemanden zu treffen den man kennt hatte jeder von uns ein Buch dabei.
Also haben wir einige Zeit gelesen sind zwischendurch schwimmen gegangen, haben uns gegenseitig eingecremt, leider nicht auf die Art wie am Morgen und haben am frühen Nachmittag noch einmal etwas gegessen. Also alles in allem ein richtiger Faulenzernachmittag, was uns aber nicht davon abhielt uns bei jeder Gelegenheit wie zwei frischverliebte Teenager zu küssen. Wir haben das meistens im Wasser gemacht, weil da meine Reaktionen auf Ilonas Küsse nicht zu sehen waren. Dann sagte Ilona als es langsam Zeit wurde nach Hause zu fahren: "Also du kommst mit zu mir, ist das in Ordnung"" "Ja, ich freue mich darauf, aber was machen wir mit meinem Fahrrad"" "Das packen wir hinten in mein Auto, dann fahren wir zu dir, du packst ein paar Sachen zusammen und dann geht"s zu mir." Also fingen wir an unsere Sachen zusammen zu räumen. Ich hatte meine Decke und meinen Korb schnell aufgeräumt, mich angezogen und beobachtete jetzt Ilona, ob sie absichtlich mit dem aufräumen gewartet hatte oder ich wirklich so schnell war weiß ich nicht. Jedenfalls sah ich wie Ilona ihren Slip, ihre Shorts und ihr Top (einen BH

hatte sie offensichtlich nicht) zuunterst in ihren Korb legte, darauf legte sie ihre Decke, die Essensbehälter und obenauf ihre Flipflops. Dann zog sie ihre weißen Pumps an und fragte: "Bist du fertig." "Ich schon, und du"" "Ich auch, also dann los." Also ging Ilona nackt neben mir her. Ich dachte bei mir, das sie vielleicht bis zum ende des Geländes nackt bleiben würde, aber warum hatte sie dann ihre Sachen zuunterst in den Korb gelegt. Dann waren wir am Ende des FKK-Geländes angelangt, aber Ilona machte keine Anstalten sich anzuziehen. "Wo hast du denn dein Auto stehen"" fragte ich. "Hinten an der Landstraße." sagte Ilona, das hieß noch ungefähr einen Fußweg von 10 Minuten. Auf der Strecke kamen wir direkt nach dem Gelände an einem von hohen Sträuchern bewachsenen Feld vorbei. "Lass und bitte schnell dahinter gehen", sagte Ilona, Gesagt, getan. Ich stelle mein Fahrrad ab und Ilona ihren Korb. Ich dachte sie würde sich jetzt anziehen, aber sie stand vor mir und sagte nur: "Leck mich bitte, ich bin so heiß1" Also ging ich auf die Knie, hielt ihren süßen Po fest und teilte mit meiner Zunge ihre Schamlippen, zog die Zunge einmal durch um sie zu schmecken und beschäftigte mich dann mit ihrem Kitzler und stieß mit der Zunge ab und zu in ihr Loch. Ilona muss so geil gewesen sein, dass ich an ihren rhythmisch kreisenden Beckenbewegungen und an ihrer Atmung merkte das sie kurz vorm kommen sein musste. Dann war es soweit. Ich musste meine beiden arme um ihren Po legen und sie so stützen, sonst wäre sie umgefallen. Jedenfalls war es ein starker Orgasmus. Ich brauche wohl nicht extra zu erwähnen, dass ich natürlich wieder alle ihre Körpersäfte genoss, die reichlich strömten.

Nachdem sie sich wieder beruhigt hatte fragte ich sie ob sie sich jetzt anziehen wolle, aber sie sagte: "Du hast mir meinen geheimsten Wunsch erfüllt, also ist es nur recht und billig dir deinen zu erfüllen, obendrein macht es mich auch noch geil, wie ich gestehen muss. Das heißt also, ich werde das ganze Wochenende nackt bleiben." Also blieb sie nackt und ich hatte einen Ständer allererster Kanone. Wir begegneten Unterwegs einigen Leuten, aber niemand schien es zu stören, dass Ilona nackt war. Dann kamen wir zur Straße, und Ilona ging zu ihrem Wagen als sei es das selbstverständlichste auf der Welt ohne Kleidung herumzulaufen. Zusammen verfrachteten wir mein Fahrrad im Kofferraum, stiegen ein und fuhren los. Ilona schaute mich von der Seite an. "Wenn wir bei dir sind werden wir uns beide entspannen, denn erstens macht es dich geil dass ich nackt bin und zweitens macht es mich geil, dass ich nackt bin." Das geilste an der ganzen Situation war für mich, dass sie sich nackt so bewegte als sei sie angezogen. Nachdem wir bei mir daheim das Fahrrad im Stadl untergebracht hatten gingen wir in meine Wohnung (die Gott sei Dank aufgeräumt war), unterwegs begegnete uns ein Nachbar den Ilona grüßte. Meinem Nachbarn blieb der Mund offen stehen. Ich muss noch dazu sagen dass in dem 6 Parteienhaus außer mir nur alte Leute wohnen.

In der Wohnung hing Ilona sofort an meinem Hals und wir Küsten uns heftig. Ruck zuck war ich aus meinen Kleidern und wir beide lagen in meinem Bett. Ilona sagte ich soll ein paar Handtücher ins Bett legen, damit mein Bett nicht nass wird. "Können wir machen, aber ich habe noch eine bessere Idee." "Was denn für eine Idee, was willst du machen"" "Vertraust du mir"" fragte ich Ilona. Sie nickte, also sagte ich ihr sie soll mit ins Bad kommen und sich in die Dusche stellen. "Und jetzt"" fragte Ilona. "Jetzt werde ich dich trinken. Las deinen goldenen Saft in meinen Mund laufen, dann kommt später, wenn wir zusammen schlafen nicht soviel." Ilona erstarrte! "Ich kann doch nicht, in deinen Mund pinkeln." stotterte Ilona. "Du hast es heute schon zweimal getan und dann denk an dein Salatdressing." sagte ich. Ich schaute zu Ilona hoch und sah heute zum zweiten Mal Tränen in ihren Augen. "Also wenn du das nicht kannst oder willst dann" "Nein, Nein", unterbrach sie mich, "das ist es ja gerade, das was du machen willst ist mein absolut geheimster Wunsch. "Dann komm, las mich dich schmecken!" Ich drückte meinen Mund auf ihre Muschi, es dauerte einen Moment und dann kam der goldene Saft und Uschi wuselte währenddessen mit beiden Händen in meinen Haaren und drückte meinen Kopf fest gegen Ihre Muschi. "Ist das geil!" stöhnte sie und ich genoss jeden einzelnen Tropfen. Nachdem Ilona fertig war stand ich auf und wollte mir, bevor ich Ilona küssen würde, den Mund ausspülen, aber Ilona nahm meinen Kopf in ihre Hand und dann küssten wir uns so heftig wie nie. Dann tat sie so als würde sie, wie bei einer Weinprobe, dem Geschmack nachschmecken und sagte zu mir: "Ich glaube ich kann dich jetzt ein bisschen verstehen, ich schmecke wirklich gut."

"Und jetzt ab ins Bett." sagte ich zu Ilona und gab ihr einen Klapps auf den Po. Ich legte noch ein Handtuch ins Bett, für alle Fälle. Ilona und ich begannen ein bisschen herumzubalgen, mal war sie oben und umgekehrt. Das tolle dabei war, dass ich die ganze Zeit dabei mein Schwert in sie versengt hatte. Dann als Ilona einmal wieder oben war, hielt sie inne, schaute mir tief in die Augen und fing an sich ganz langsam zu erheben, bis nur noch meine Eichel in ihrer Möse war. Genauso langsam ließ sie sich wieder herunter. Dieses Spiel war rattenscharf. Ich begann mich mit ihren Brüsten zu beschäftigen. Vor allem ihre Nippel hatten es mir angetan, ich zwirbelte sie, zog daran und beugte mich vor und bis leicht in sie hinein. Was mich aber am geilsten machte, dass war ihr Blick, einfach nicht zu beschreiben. Allmählich wurde Ilona schneller, ihre Bewegungen auf meinem Schwanz wurden heftiger und heftiger. Ich merkte, dass sie bald kommen würde und auch bei mir war es bald soweit. Dann war es soweit, Ilona Gebärdetete sich wie eine Furie, natürlich auch entsprechend laut und ich dachte das Bett bricht auseinander, ich musste sie fest halten, damit ich in ihr blieb und dann kam es auch mir, dass ich glaubte mir schwinden die Sinne. Ilona brach auf mir zusammen, sie atmete wie nach einem 5000 Meter Lauf, völlig erschöpft, aber wie ich annahm, sehr sehr glücklich. Sie legte sich ganz auf mich und ich hielt sie fest umschlungen. So lagen wir eine Weile, bis Ilona sich rührte und mich fragte ob sie duschen könne" "In der Dusche ist platz für zwei, " sagte ich, "komm lass uns gehen." Wir standen auf, gingen in die Dusche und seiften uns gegenseitig ein, was uns wieder geil machte. "Das sparen wir uns für später auf." sagte Ilona. Während des Duschens vielen mir wieder ihre Füße auf und ich freute mich schon darauf ihnen später meine ganz spezielle Aufmerksamkeit zu schenken.

Nachdem wir mit dem Duschen fertig waren fing ich an ein paar Sachen zusammen zu packen, viel musste es ja nicht sein, die Toilettensachen, ein paar T-Shirts, Shorts, auf Unterwäsche verzichtete ich, das war"s dann eigentlich, bis Ilona fragte: "Jochen du hast doch bestimmt einen Anzug und Boxershorts, oder"" "Ja, hab ich." sagte ich. "Nimm den doch bitte mit und die passenden Schuhe dazu." Also nahm ich die Sachen auch noch mit und war etwas irritiert. "Wozu brauche ich einen Anzug"" dachte ich bei mir. Dann packten wir alles in Ilonas Wagen und fuhren los. Ilona wohnte außerhalb von München in einer besseren Gegend. Wir fuhren auf ein allein stehendes Haus zu. Es war umgeben von einem hohen Zaun und die Pforte öffnete Ilona mit einer Fernbedienung. Als ich das Haus sah wurde mir ganz anders, offensichtlich war Ilona vermögend. Ilona fuhr auf die Garage zu und wieder öffnete sie das Tor mit einer Fernbedienung. Wo war ich nur hingeraten" Das durfte doch nicht war sein, andererseits sagte ich mir, "Das ist der Vorteil beim FKK, keine Statussymbole und keine Vorurteile. Ich hab Ilona als Ilona kennen gelernt und nicht als offensichtliche Millionärin. "Jochen, Jochen"" hörte ich Ilona rufen. "Was ist mit dir"" fragte sie. "Mir hat es nur gerade die Sprache verschlagen, das alles hier und du, ich meine ich bin doch nur ein LKW-Fahrer und" weiter kam ich nicht, denn Ilona hatte meinen Mund mit einem Kuss verschlossen. "Als du mich heute früh kennen gelernt hast war ich, wie auch jetzt noch, nackt und du hast nur die Frau gesehen die du ganz offensichtlich sehr begehrst, wie du mir heute auch mehrfach bewiesen hast, also dürfte es doch keine Probleme geben oder"" "Du hast ja Recht, das war dumm von mir!" Dann stiegen wir aus, Ilona verschloss die Garage und wir gingen ins Haus.

Ilona ging vor mir her die Treppen hoch und ich hatte ihren süßen Po direkt vor meinem Gesicht. Ich konnte nicht anders, ich ließ meine Sachen stehen und streichelte über diesen geilen Arsch, dann beugte ich mich vor und küsste ihn. Ilona schnurrte wie eine Katze, ihr schien es sehr zu gefallen. Dann riss ich mich zusammen und Ilona führte mich zu ihrem Schlafzimmer. Dort angekommen ließ ich meine Sachen fallen, drehte Ilona zu mir um und wir versanken in einem tiefen, innigen Kuss. Unsere Zungen spielten miteinander und jeder nahm die Säfte des anderen auf. Dann legte ich Ilona aufs Bett. Sie wollte sich ihre Schuhe von den Füßen steifen, aber ich gab ihr zu verstehen es zu lassen. Ilona schaute mich plötzlich mit großen Augen an, streckte mir ihr rechtes Bein entgegen und hauchte mit vor Geilheit zittriger Stimme: "Nein, du willst doch nicht wirklich" Weiter kam sie nicht, denn ich hatte angefangen mit meiner Zunge am Rand zwischen Schuh und Fuß entlang zu lecken. Ilona fing an zu keuchen. Langsam zog ich ihr den Schuh aus und küsste dann jeden einzelnen Zeh. "Uuuuh, Sssssh, Aaaah;" kam es von Ilona. Wie ein Säugling nuckelte ich an jedem Zeh und zwischendurch hob ich ihren Fuß und strich mit meiner Zunge an der Fußsohle entlang. Dann begann ich damit meine Zunge zwischen ihre Zehen zu schieben und gleichzeitig mit einer freien Hand Ilonas Muschi zu streicheln und langsam in sie ein zu dringen. Ilona stieß nur ein lautes "Jaaaah" aus und fing an zu hecheln. Dann hörte ich auf mich um ihren rechten Fuß zu kümmern was sie mit einem "Oh, nein bitte nicht" quittierte. Aber da hatte ich schon ihren linken Fuß in der Hand und begann dasselbe Spiel. Ich dachte Ilona rastet aus, wird verrückt, Gott sei Dank waren wir allein im Haus und der nächste Nachbar ein gutes Stück weit entfernt. Im nach hinein war ich froh, dass Ilona bei mir noch auf der Toilette war bevor wir zu ihr fuhren, denn während der besonderen Fuß- und Muschimassage hatte Ilona mehrere Orgasmen. Als ich fertig war und Ilona völlig fertig auf ihrem Bett lag hab ich mich ausgezogen und mich zu ihr gelegt. Sie hat mich mit ihren rehbraunen Augen angeschaut, den Kopf geschüttelt und sich an mich geschmiegt. "Warum schüttelst du den Kopf"" hab ich sie gefragt. Weil der heutige Tag nicht wirklich passiert ist, ich träume das nur, das kann gar nicht war sein, was ich heute erlebt habe. Da treffe ich so"nen Typen dem es nichts ausmacht wenn die Frau beim Oralverkehr alle Säfte fließen lässt, bei dem ich merke wie geil es mich macht nackt zu sein, und zwar überall und zu allem Überfluss weiß er auch noch das ich die Megaorgasmen bekomme wenn man meine Füße mit Mund und Zunge bearbeitet. Zwick mich mal. Au, also doch kein Traum" Wahnsinn."

Wir blieben noch eine Weile so liegen und dann meldete sich der Hunger. "Was hältst von einer Pizza und Salat"" fragte Ilona. "Nichts dagegen einzuwenden." sagte ich. Also suchten wir uns beim Pizzaservice etwas und bestellten. "Wein hab ich im Keller." sagte Ilona, verschwand und kam kurz darauf mit einem Rotwein wieder. Nach hungrigen 30 Minuten klingelte es dann endlich und jetzt war ich der sprachlose, denn Ilona öffnete dem Pizzaboten nackt die Tür. Dem armen Kerl sind fast die Augen aus dem Kopf gefallen und Ilona gab sich auch alle Mühe um ihm viel von sich zu zeigen. Als sie bezahlen wollte drehte sie im Flur dem Pizzaboten den Rücken zu und bückte sich zu ihrer Handtasche herunter, sodass der Pizzabote einen vollen Einblick auf ihre Spalte hatte. Nachdem der Pizzabote weg war gingen wir ins Esszimmer und fingen an zu essen. Ich nahm meinen Salat und ging zu Ilona. "Stimmt was nicht"" fragte sie. "Ich hab leider vergessen für meinen Salat ein Dressing zu bestellen und wollte dich fragen ob ich von dir dein Ilona Spezialdressing bekommen kann"" Ilona wurde Rot bis über beide Ohren. "Wenn du möchtest gern." sagte sie, nahm den Salat, hielt ihn zwischen ihre Beine und kurze Zeit später hatte ich mein Dressing. Dann sagte Ilona: "Du Jochen, ich würde mein Dressing auch gern noch ein bisschen verfeinern, so wie am See, kannst Du"" "Für dich immer, mein Mädchen!" sagte ich. "Was hast du da gerade gesagt"" "Das ich kann." "Nein, nein, das andere." "Äh, ach so, mein Mädchen, war das falsch"" "Nein, aber ich bin auch ein Stück weit romantisch und das klingt so unglaublich süß, Danke dafür!" Dann stand ich auf und ging zu ihr, mein Schwanz stand nach der Geschichte mit dem Pizzaboten eh schon wieder wie eine eins, sodass ich kein Problem hatte Ilonas Wunsch zu erfüllen.

Nachdem wir fertig gegessen hatten gingen wir ins Wohnzimmer, setzten uns auf die Couch und ich sagte zu Ilona, dass ich jetzt noch ganz gern einen Nachtisch hätte. Sie sagte, dass sie leider nichts im Haus hätte, weil sie eigentlich nie Nachtisch ist. "Ich hab da an was ganz anderes gedacht, weißt du ich hab da so ein unglaublich hübsches Mädchen neben mir sitzen und dieses hübsche Mädchen hat zwei unheimlich süße Füße und die würden mir zum Nachtisch völlig reichen!" Ilona fing in meinen Armen zu zittern. "Ist dir kalt"" fragte ich. "Nein, aber allein die Vorstellung was du mit deinem hübschen Mädchen anstellen willst bringt mich an den Rand eines Orgasmus. Aber vorher muss ich noch mal wohin, sonst bekommt meine Couch flecken." "Das wäre ja reine Verschwendung und im Übrigen habe ich sowieso durst nach der Pizza." sagte ich, stand auf und zog Ilona mit mir. Dann ging ich vor ihr auf die Knie, spreizte ihre Beine ein wenig, zog ihre Schamlippen auseinander und legte meinen offenen Mund auf ihre Muschi. Es dauerte einen Moment, ich merkte wie Ilona sich anstrengte, aber dann floss der goldene Saft. Als nichts mehr kam konnte ich mich mit ihren Füßen und Ihrer Muschi beschäftigen. Wir legten dann doch noch ein dickes Duschtuch auf die Couch und ich bekam meinen

Nachtisch. Dieses mal achtete ich darauf aufzuhören ihre Füße zu liebkosen, wenn Ilona kurz vor einem Höhepunkt war. Ilona wimmerte, ich solle weiter machen, aber ich wartete einen Moment bis sich Ilonas Anspannung gemildert hatte und fing wieder an. Dieses Spielchen machte ich einige male, bis ich Ilonas bitten und betteln nicht mehr widerstehen konnte. Ich sah wie Ilona sich ihre Brüste knetete und an Ihren Nippeln zog. Dann sagte ich ihr sie solle sich selber zum Höhepunkt streicheln, denn ich hätte noch etwas Besonderes vor. Ich nahm dann beide Füße in die Hände, legte Fußsohle an Fußsohle, wodurch ich einen super Einblick auf ihre Möse bekam und nahm dann immer zwei Zehen gleichzeitig in den Mund und bearbeitete sie mit der Zunge und saugte an Ihnen. Abwechselnd stieß ich mit meiner Zunge in die Zehenzwischenräume und machte schließlich solange weiter bis Ilona sich in einem, wie es schien, nie enden wollenden Orgasmus wand.

Ilona lag mehrere Minuten regungslos auf der Couch. Ich nahm eine Decke die dort lag und deckte sie damit zu. Dann setzte ich mich in einen Sessel und wartete darauf, dass Ilona wieder zu sich fand. Ich strich ihr über ihre schulterlangen mahagonifarbenen Haare und über ihre linke Wange, ich spürte Nässe und merkte dass Ilona leicht durchgeschüttelt wurde und kniete mich schließlich vor sie hin und nahm ihren Kopf vorsichtig in meine Hände. Sie weinte still, schaute mich an und nahm mich in den Arm. So hielten wir uns eine Zeitlang fest. Ilona sagte zunächst nichts und nach einer Ewigkeit, wie es mir schien, sagte sie: "Las uns ins Bett gehen." Nachdem wir uns bettfertig gemacht hatten und im Bett lagen hatte Ilona immer noch nicht mir geredet und ich dachte: "Na bravo, das war"s dann ja wohl." Auf einmal sagte Ilona:

"Ich bin eine Geschäftsfrau und bei mir zählt nur das Rationale und Gefühle haben dort nichts zu suchen. Meinen letzten Sex hatte ich vor 9 Jahren. meine letzte feste Partnerschaft ist 6 Jahre her. Ich habe die Arbeit immer in den Vordergrund gestellt. Und jetzt, heute, treffe ich dich und meine Welt ist über den Haufen geworfen zumal du genau die Dinge mit mir gemacht hast von denen ich immer geträumt habe, aber die nichts weiter waren als Phantasie. Ich bin 56 Jahre alt und ich frage dich jetzt willst du einige Zeit mit mir leben, mit einer Frau die deine Mutter sein könnte und die in ein paar Jahren unansehnlich sein wird"" Ilona schaute mich mit fragenden, flehenden Augen an. Ich hob die Bettdecke hoch und schaute mir ihren Körper an, dann schüttelte ich den Kopf und sah wie Ilona erschrak, dann legte ich mich hin, schob die Bettdecke beiseite langte mit einem Arm unter Ilona durch und zog sie auf mich. Sie schaute mich groß an. Dann sagte ich: "Ilona glaubst du an die liebe auf den ersten Blick"" An Ilonas Gesicht sah man das sie nicht wusste wie ihr geschah. "Küss mich endlich und schau nicht so, ich habe mich in dich verliebt, aber lass mir mit dem Heiratsantrag bitte noch ein bisschen Zeit." sagte ich zu Ilona. Ilona küsste mich wie eine verhungernde, verdurstende ich weiß nicht wie, aber ich dachte, wenn sie so weitermacht dann wird das nichts mit dem zusammenleben, dann bin ich vorher erstickt. Das einzige was Ilona, die inzwischen wieder am Weinen war sagen konnte war: "Ich hab mich auch in dich verliebt." Dann kuschelten wir uns aneinder und schliefen. Für den nächsten Tag hatten wir ausgemacht, dass wir früh aufstehen und unsere Sachen für den See herrichten wollten.

Sonntagmorgen. Erst musste ich einmal überlegen wo ich

überhaupt war und der nächste Gedanke war: Ilona. Sie lag auf der Seite den Rücken mir zugewandt. Ich streichelte vom Hals weg den Rücken runter bis zu ihrem Po und da sie ein Bein angewinkelt hatte auch ihre Muschi. Ich richtete mich leicht auf und beugte mich zu ihrer Muschi hinunter und fuhr langsam mit der Zunge den Spalt entlang und teilte ihn schließlich mit meiner Zunge, sie war schon feucht. "Oh tut das gut." seufzte Ilona, "auf diese Weise kannst du mich jeden morgen wecken. "Las uns in der Dusche weitermachen, " sagte Ilona, "du weißt schon warum." Also standen wir auf. Ilona sah an mir herunter, lächelte mich an und sagte mir sie würde mich in die Dusche führen und packte mich an meiner Morgenlatte. In der Dusche faste ich Ilona um die Tallie, hob sie hoch und ließ sie langsam auf meinem Schwanz nieder und zwar in Zeitlupe, wobei ich sie immer wieder ein Stück anhob und dann wieder herunter ließ. Dieses Spiel gefiel Ilona offensichtlich sehr. Sie hatte ihre Arme um meinen Hals gelegt und ihren Kopf darin regelrecht vergraben. Ihr hektischer Atem ging langsam in ein wohliges Stöhnen über. "Ist das schön, mach bitte so weiter." hauchte Ilona mir ins Ohr. Also machte ich mit dem Slowsex weiter. "Plötzlich verkrampfte sich Ilona, so dass ich sie kaum noch halten konnte und sie hatte einen Höhepunkt. Das merkte ich auch daran, dass es mir nass die Beine herunter lief. Ilona hob den Kopf, schaute mich an, dann trafen sich unsere Lippen und sie sagte: "mach bitte weiter, das ist so schön." Das hätte sie mir nicht zu sagen brauchen, denn auch mir gefiel diese Art Sex, allerdings spürte ich, dass es auch bei mir jetzt bald soweit war und ich steigerte das Tempo. "Ich komme." rief ich mit erstickter Stimme und pumpte meinen Saft in Ilonas Möse. Erst jetzt bemerkte ich dass auch Ilona noch einmal gekommen war. Wir lächelten uns an und dann duschten wir uns ausgiebig und beim gegenseitigen einseifen wurden wir wieder geil. "Diese Geilheit nehmen wir mit an den See." sagte Ilona, "zieh dir was an und dann komm frühstücken." Ich zog mich also an und ging hinunter in die Küche wo Ilona dabei war unsere Körbe für den See herzurichten. Als alles soweit fertig war tranken wir Kaffee und aßen eine Kleinigkeit und dann ging es los. Und wie Ilona es versprochen hatte blieb sie bis auf ihre Pumps nackt.

Der Tag am See war herrlich, wir dösten in der Sonne, gingen schwimmen und spazierten am See entlang. Bei diesem Spaziergang zeigte ich Ilona einen von kleinen Bäumen und Sträuchern umgebenen Platz den ich schon lange kannte, aber bisher immer belegt gewesen war. "Sollen wir uns hierin legen"" fragte ich Ilona. "Au ja, da sind wir ungestört, pass auf Jochen, ich halte hier die Stellung und du holst unsere Sachen, abgemacht"" "Ok. Dann bis gleich." Ich ging also los und holte unsere Sachen. Dieser Platz war Ideal, obwohl er direkt am Wasser lag, es waren vielleicht nur 2-3 Meter, waren wir durch Büsche vor einblicken geschützt. Nachdem wir unsere Decken ausgebreitet hatten sagte Ilona zu mir: "Leg dich bitte neben die Decke ins Gras hin und genieße." Also legte ich mich hin. Kaum das ich lag kniete Ilona sich über meinen Kopf, sodass ich einen herrlichen Blick auf ihre Muschi hatte. In dieser Stellung blieb sie einige Zeit und dann setzte sie sich auf meinen Mund und es dauerte nicht lang bis mein Schwanz wie eine eins stand. Darauf hatte sie wohl gewartet, denn jetzt beugte sie sich vor und schon waren wir in der 69. Ich sog den Duft ihrer Muschi, die so verführerisch vor meinem Mund war, ein und dann ließ ich mir das köstlichste was eine Frau zu bieten hat schmecken.

Auch dieses Mal machte ich es wie am morgen, "langsam",
ich genoss es einfach. Ich wusste natürlich warum wir uns
ins Gras gelegt hatten, Ilona wollte nicht das die Decke
nass wird, aber dieses mal war es wieder anders durch den
Slowsex kam ihr goldener Saft in kleinen Schüben. Wie ich
schon sagte, welch ein genoss. Auch mir gefiel es sehr wie
Ilona meinen Schwanz bearbeitete, dieses "langsame"
steigerte die Lust ins unermessliche und unsere Körper
kamen in einen Gleichklang so das wir als es dann soweit
war, in einer nie geahnten Intensität kamen Gut das Ilona
noch meinen Schwanz im Mund hatte, sonst hätte sie den
ganzen See zusammen geschrien. Ilona sackte, heftig
atmend, auf mir zusammen, was ich äußerst reizvoll fand
bei dem Anblick der sich mir bot: Ihre weit offene, vor
Feuchtigkeit glänzende Möse. Dann glitt sie von mir
herunter, blieb aber noch einen Augenblick liegen und ich
konnte ihre herrlichen Brüste sehen die sich im Takt des
Atmens hoben und senkten. Ich stand auf und half Ilona
auf die Beine und dann gingen wir eine Runde schwimmen.
Als wir wieder auf unseren Decken saßen und uns hungrig
über unser Picknick hermachten sagte Ilona mir, dass sie
heute nicht solang am See bleiben wolle, weil sie heute, an
diesem schönen Tag, noch mit mir nach München fahren
möchte um dort ein wenig zu Bummeln und sie sich für
diesen Abend mit mir noch herrichten möchte. Also
packten wir am späten Nachmittag unsere Sachen
zusammen und fuhren zu Ilona. Dort angekommen duschten
wir erst einmal zusammen, wobei wir darauf achteten uns
nur heiß zu machen ohne das es uns kam. Das war Ilonas
Idee. "So und jetzt gehst du in das Gästezimmer und
ziehst dir deinen Anzug an." sagte sie. "Ach ja," rief sie mir
hinterher, "auch die Boxershorts und komm erst aus dem
Zimmer wenn ich dich rufe." "Na, ja," dachte ich bei mir,

"wenn sie es so wünscht." Ich zog mich also sorgfältig an, mit Krawatte und glänzenden Schuhen und dann wartete ich, denn Frauen brauchen ja bekanntlich lang bis sie fertig sind, besonders bei der Auswahl der Garderobe. Dann rief sie mich, der ruf kam aus dem Flur, ich also nichts wie hin und dann verschlug es mir den Atem, was ich zu sehen bekam war einfach unglaublich. Ilona hatte ihre Haare zurecht gemacht und zwar in der Art, dass sie die Enden nach innen gerollt hatte. Sie hatte sich geschminkt und sah jetzt bestimmt um zehn Jahre jünger aus. Sie trug eine lange weiße Perlenkette um den Hals und das dazugehörige Armband und die Ohrringe. An den Füßen hatte sie Highheels die, so schien es mir, nur aus Riemchen bestanden und ihre sexy Füße und Beine erst recht zur Geltung brachten. Ilona schaute mich an und fragte mich ob mir gefällt was ich sah und ich konnte nur nicken, ich hatte einen Kloß im Hals und einen mächtigen Ständer in der Hose. Dann nahm sie ihre Handtasche und sagte: "Kommst du, ich bin fertig." Ich reichte Ilona den Arm und dann ging sie mit mir aus der Wohnung, mit nichts weiter an, außer ihrem Schmuck.

Die Mutter meines Freundes

Die Geschichte handelt von mir und der Mutter meines Freundes Mike, den ich seit der Mittelschule kenne und mit dem ich fast die ganze Freizeit verbrachte.
Entweder wir waren bei ihm oder bei mir daheim... die meiste Zeit hockten wir vorm PC und spielten irgendwelche Strategiespiele die schon mal mehrere Stunden in Anspruch genommen hatten.
Jetzt sind wir beide 29 und gehen beide einem Job nach... der Kontakt ist zwar nicht mehr so häufig, aber in Zeiten wie diesen mit Handy und Mail hören wir uns ständig.
Wie gesagt, es geht um die Mutter meines Freundes... oft haben wir Brettspiele oder auch Karten gespielt. Ihre Art wie sie sich gab, und auch noch heute mit ihre 57 Jahren gibt, hat mich von Anfang an fasziniert. Sie sieht auch noch toll aus für ihr Alter... sie hat kurze gelockte braune Haare, relativ schlanke Beine, um den Bauch zwar etwas molliger, was aber ihre großen Brüste wieder wett machen !
Beim Karten spielen saßen wir oft gegenüber... sie trug daheim meistens eine weite Hose und eine leichte Bluse, die 3 obersten Knöpfe waren immer offen und man konnte den Ansatz ihrer tollen Brüste sehen. Sie trug immer Hausschuhe, die sie aber beim sitzen auszog und ich ihre Zehen sehen konnte die in einer Strumpfhose gehüllt waren. Manchmal streifte ich unabsichtlich mit meinen Füßen an ihren und erhaschte somit ein wenig Kontakt.
Sie zuckte immer zurück und ich entschuldigte mich... in meinen Träumen habe ich mir immer vorgestellt dass ich Sex mit dieser faszinierenden Frau habe. Wenn ich dann daheim war, malte ich mir die ganze Szene noch mal aus und befriedigte mich dann selbst.
Die Jahre vergingen und wir wurden alle älter,

selbstständiger und sahen uns leider nicht mehr so oft.

Vor einiger Zeit traf ich Helga, so heißt die Mutter meines
Freundes beim Einkauf.
Ich war wie immer mit dem Auto unterwegs und es war
selbstverständlich, sie mit den schweren Taschen
heimzubringen. Sie hat mich auf einen Kaffee eingeladen
den ich nicht ablehnen konnte... schließlich war ich das
erste Mal mit dieser Frau allein und meine Gedanken waren
schon wieder beim Sex. Sie deckte den Tisch so, dass wir
ziemlich weit auseinander saßen, was mich natürlich etwas
störte... wir sprachen über alles mögliche und so verging die
Zeit. Sie erzählte mir davon dass sie etwas Zoff mit ihrem
Mann hat weil er immer was zu aussetzen hat... sie
schüttete mir nach und nach ihr Herz aus, was mich sehr
überraschte weil sie sonst eher verschlossen war.
Das war die Gelegenheit mich näher zu setzen was ich auch
tat. Sie hatte ein Bein auf der Strebe des Stuhles
aufgestützt und den Blick in meine Richtung... ich kam
näher und versuchte Sie zu beruhigen und dass sicher alles
wieder gut werden würde. Nach langem überlegen ob ich es
tun sollte oder nicht, legte ich meine rechte Hand auf ihre
Knie und sagte in einem Atemzug dass nicht Sie an dem
Streit schuld sei... ich war gespannt wie sie reagierte,
schließlich habe ich sie ja noch nie so angefasst.
Ich war auf alles vorbereitet... auf ein entsetztes Gesicht
oder sogar eine Rüge... aber was passierte ?
Nichts! Sie reagierte gar nicht... als ob es da natürlichste
auf der Welt war...ich muss zugeben, ich war verwirrt. Was
könnte ich noch machen ohne dass sie zurückschreckt !?
Ich ließ mal meine Hand auf ihrem Knie liegen... ich war
aufgeregt, spürte durch die dünne Stoffhose ihre warme
Haut.. wurde alleine davon schon erregt.

Noch mal zweifelte sie an sich und meinte sie wäre Schuld an Allem. Ich stellte sie sofort ab, legte meine Hände auf Ihre und habe ihr erklärt dass zu einem Streit immer zwei gehören.

Jetzt, wo ich ihre Hände berührte, erkannte sie erst meine Nähe und auch dass mein Fuß auf ihrer Sesselstrebe auflag...dabei berührte mein Bein die Innenseite ihres Oberschenkel... ich fühlte kalt und heiß zugleich... ich musste jetzt etwas sagen...es brennte mir schon so lange auf der Zunge...wenn nicht jetzt - wann dann? Mit etwas heiserer Stimme sagte ich dann: Ich würde dich gern in den Arm nehmen... sie empfand es als "freundschaftlich" und stimmte zu... ich wurde noch nervöser...wir standen uns eng gegenüber und drückten unsere Körper aneinander... ihre großen Brüste drückten gegen meinen Oberkörper und mit meinen Händen streichelte ich über ihren Rücken... die Situation war so innig aber doch neu... es lag etwas spannendes in der Luft.

Nach paar Sekunden entfernte Sie sich wieder etwas von mir und schaute mich an... Danke, hörte ich Sie flüstern, es ist schön so einen tollen Freund zu haben. War zwar nicht dass was ich hören wollte, aber immerhin durfte ich Helga fest an mich drücken!

Ich hielt noch immer Ihre Hände und wollte sie einfach nicht loslassen...

Sie merkte dass irgendwas fragen wollte... sie kam wieder ein Stück näher, schaute mich an und fragte was los sei? Bedrückt dich etwas? Du kannst mir alles sagen was dich belastet... schließlich kennen wir uns ja schon sehr lange.

Ich schluckte, nahm meinen ganzen Mut zusammen und dann stammelte ich: Ich würde dir gerne einen Kuss geben... sie schaute mich starr an... in dem Moment wusste ich, es war ein Fehler zu fragen...sie sieht mich sicher als ihren

zweiten Sohn... sie würde mich ablehnen... und so kam es
dann auch...

Sie schaute mich an und sagte irgendwas von "zu lange
kennen" usw.

Ich schwieg und man sah mir sicher die Enttäuschung an...
ich wandte mich ab und wollte schon gehen. Da nahm sie
noch mal meine Hand und bat mich noch mal zu setzen...
jetzt kam sicher eine Erklärung warum und weshalb... aber
weit gefehlt. Ich hörte gespannt zu...

...sie begann von langer Ehe zu reden und dass alles anders
wird wenn man älter wird... ich wusste da noch nicht genau
worum es eigentlich ging... aber sie schilderte mir davon,
dass ihr Mann nur mehr unterwegs sei, seit er in Pension ist
und sie oft alleine daheim sitzt.

Dann offenbarte sie mir, dass sie die Annäherungsversuche
von damals unterm Tisch sehr wohl bemerkt habe, aber nie
darauf reagieren konnte, erstens war ich noch viel zu jung,
zweitens steht sie nicht auf Jugendliche und drittens, ich
war der Freund ihres Sohnes...also alles passte nicht
zusammen.

Und heute ? fragte ich... sie rückte näher und sagte: Heute
bist du ein Mann, der einen durchtrainierten Körper hat
und noch dazu sehr attraktiv aussieht... ich war verblüfft
und aufgeregt zugleich.

Wie ferngesteuert kam ich näher und ließ meine Lippen auf
Ihre gleiten... Im ersten Augenblick kam keine Reaktion
und ich ging wieder etwas auf Distanz... Helga saß mir wie
ein Häufchen Elend gegenüber... durcheinander... sie wusste
es war Falsch, aber es gefiel ihr anscheinend, denn auf
einmal kam sie näher und erwiderte meinen zärtlichen Kuss.
Der Tag von dem ich so lange geträumt habe wurde endlich
wahr... unsere Lippen verschmolzen förmlich miteinander,
ich strich ihr durchs Haar und unsere Zungen fanden ihren

Weg zueinander.

Mich durchströmte ein Schauer der Lust... wir umarmten uns fest und schmusten so wild als müssten wir alles nachholen... ich fühlte ihre Begierde, ihr Verlangen nach Zärtlichkeit die sie wahrscheinlich schon lange nicht mehr bekommen hat... wir lösten uns nach schier unendlicher Zeit und schauten uns tief in die Augen... ich will mehr, platzte ich heraus... es ist aber falsch was wir hier tun...

Aber man lebt nur einmal, konterte ich sofort...und dann war alles klar... wir standen beide auf und ich führte sie zur Couch rüber.

Ich spürte trotzdem noch etwas Unbehagen ihrerseits, und fing langsam an ihren Rücken zu streicheln.

Wir setzten uns eng nebeneinander und ich konnte förmlich ihren Herzschlag spüren. Ich schaute sie an und sagte... he, es ist alles gut, entspann dich einfach und lehn dich zurück... es passiert nichts was du nicht willst... sie nickte zaghaft... ich streichelte weiter ihren tollen Körper der mich schon immer faszinierte... ich öffnete ihr die Bluse Knopf für Knopf, sie trug einen weißen Spitzen BH der ihren üppigen Busen fest hielt...sie lehnte sich zurück und ich konnte sie mit meinen Küssen verwöhnen...

Meine Hände strichen über ihre sanfte Haut und ich öffnete ihren Busenhalter... wieder zuckte sie etwas zusammen, ließ sich aber wieder zurückfallen und genoss meine Küsse. Mit meiner Zunge strich ich über ihre prallen Brüste und leckte über die erregten Brustwarzen. Dass war vielleicht ein geiles Gefühl... ich spürte wie die Nippel immer härter wurden und knabberte sanft daran. Ich bemerkte ein sanftes aufstöhnen von Helga und das erregte mich wiederum... mit beiden Händen massierte ich die großen Melonen und konnte gar nicht genug davon bekommen. Langsam versuchte ich Helgas Hose abzustreifen... sie hob leicht ihr Becken und so ging es ganz leicht... ein Slip kam zum Vorschein der ihre zarte Haut bedeckte...ich spreizte ihre Beine und begann von unten, jeden einzelnen Zentimeter ihrer Innenschenkel zu küssen. Helgas Haut war sehr sanft und auch sehr warm... ich tastete mich behutsam nach oben bis ich bei ihrem Slip angekommen bin. Mit meiner linken Hand schob ich den Slip beiseite und sah ihre Schamhaare die zum Glück nicht zu dicht waren... ich leckte mit meiner Zunge über ihre Klit... Helga stöhnte laut auf...ich nahm die rechte Hand zu Hilfe und strich mit meinem Mittelfinger über ihre feuchten Schamlippen. Meine Zunge wurde schneller und leckte sie ganz intensiv... gleichzeitig drang ich mit meinem Finger in die nasse Muschi ein... sie war bereits so nass wie ich es noch nie bei einer Frau erlebt habe... ich schmeckte ihren süßen Nektar der mein ganzes Gesicht benetzte...ihr Becken bewegte sich auf und ab...ich grub mich immer tiefer in diese geile Grotte bis Helga auf einmal aufschrie und spürte wie ihre Lenden bebten... ich brachte die Frau meiner Träume zu einem Höhepunkt... wie geil war dass denn !

Was machst du mit mir... stotterte sie noch ganz aufgelassen... da bemerkte sie auch schon meine Beule in meiner Hose. Mit einem Griff hatte sie auch schon ihre Hand an meiner Hose... sie öffnete meine Jeans und strich meinen Slip gleich mit runter. Mein Steifer sprang förmlich aus der Hose... du hast einen großen geilen Schwanz... bemerkte sie noch ganz benommen... ich war überrascht über ihre Ausdrucksweise... geilte mich aber noch mehr auf !

Fest nahm Sie meinen Harten in ihre Hand und begann ihn langsam zu massieren... sie schob meine Vorhaut immer wieder vor und zurück... ganz langsam. Meine pralle Eichel

kam immer wieder zum Vorschein...mein Blut pumpte wie
wild in alle Adern... Helga richtete sich noch etwas mehr
auf... sie saß an der Kante und ich stand genau vor ihrem
Gesicht... ich war so geil... beobachtete Helgas tun mit
schwachen Knien... Helga näherte sich mit ihrem Mund
meinem dicken Schwanz... sie leckte zuerst meine pralle
Eichel...dann meinen Schaft entlang... bitte, nimm ihn in den
Mund, flehte ich sie an...
Endlich...ich spürte auf einmal wohlige Wärme auf meinem
Schwanz... spürte wie sich Helgas Lippen um meinen dicken
Prügel schmiegten...ihr heißer Speichel benetzte meinen
ganzen Schwanz...ich nahm Helga sanft am Kopf und führte
ihn hin und her... sie schmatzte und hatte sichtlich Mühe
meinen dicken Schwengel ganz in sich auf zu nehmen... es
war ein irres Gefühl... ich griff nach ihrer prallen Brust die
im Rhythmus hin und her wippten... musste nach ihren hart
geschwollenen Nippel greifen die senkrecht wegstanden...
ihr gefiel es merklich und erhöhte das Tempo,,,immer
wieder verschwand mein langer Schwanz in ihrer feuchten
Kehle. Mein Körper krampfte leicht zusammen...ich spürte
wie ich langsam dem Orgasmus entgegen kam... ich stöhnte
lauter und meine Bewegungen wurden schneller...ich
keuchte zu Helga...ich komm gleich ! Aber Helga ließ nicht
ab und machte noch beherzter weiter... ich konnte mich
nicht länger halten und explodierte in Helgas Mund !
Sie packte meinen Hintern und drückte ihr Gesicht fest
gegen mein Becken, ich spritzte meine ganze Ladung in
ihren Rachen... sie schluckte alles und saugte regelrecht
meine Nudel leer... mein Körper bebte und hielt mich an
Helgas Brüsten fest...
Ich setzte mich neben sie und wir waren beide außer
Atem... sie nahm mich an der Hand und gingen ins
Badezimmer... wir stiegen beide in die Dusche und seiften

uns gegenseitig ein...wieder durfte ich diese großen geilen Brüste massieren... ich musste wieder an den steifen Nippel saugen... Helga stöhnte wieder auf...ich bin da sehr empfindlich wie du schon gemerkt hast... willst du mal deinen Schwanz zwischen meine Titten legen, fragte sie ? Sicher, war sofort meine Antwort.

Wir duschten schnell fertig und dann gingen wir ins Schlafzimmer... sie legte sich aufs Bett und zog mich auf sich... ich kniete über ihr und legte meinen mittlerweile wieder harten Schwanz zwischen ihre Titten... Mann war dass ein geiles Gefühl... sie nahm ihre Brüste in die Hände und drückte sie in der Mitte zusammen...mein Schwengel verschwand fast zur Gänze zwischen den üppigen Brüsten... ich bewegte mich hin und her und spürte die sanfte Haut... es machte mich fast verrückt... ich griff währenddessen nach hinten und tastete mich an Helgas Muschi ran... zwischen den Beinen angekommen musste ich feststellen dass ihre geile Grotte schon wieder feucht war... ich massierte ihren Kitzler und eh ich mich versah, waren meine Finger komplett nass... ich beugte mich vor und knabberte an Helgas Ohr... sie hauchte mir ins Ohr...fick mich...bitte fick mich endlich !

Das ließ ich mir nicht zwei mal sagen... ich rutschte nach unten, spreizte ihre Beine und drang mit meinem dicken Schwanz in ihre nasse Muschi ein... nur die Spitze... zog sie wieder raus... Helga wimmerte... du machst mich wahnsinnig du geiler Hengst...los, steck ihn rein...bitte !!!

Mit einem festen Stoß, rammte ich Helga meinen harten Prügel in ihre triefende Möse...

Es war ein geiles Gefühl... ich legte mich auf den molligen Körper, ihre Brüste schmiegten sich an meine Brust...unsere Lippen fanden wie von selbst zueinander... wild spielten unsere Zungen miteinander... wir rollten auf

114

die Seite... sie saß auf einmal auf mir... ihre großen Glocken baumelten vor meinen Augen... mein Schwanz war ganz tief in der Grotte dieser geilen Frau...ich massierte beidhändig diese geilen Titten... sie ritt mich in einem ordentlichen Tempo... die Brüste wippten im Takt... ein Orgasmus durchströmte ihren Körper... sie sackte zusammen... lag mit ihrem vollen Gewicht auf mir... ich will dich mein Leben lang ficken, säuselte sie mir ins Ohr... kannst du haben, erwiderte ich. Wir rollten auf die Seite, sie kniete sich vor mich hin und sagte: Los komm, nimm mich von hinten ! Meine Lieblingsstellung... ich kam ganz nah und ohne große Mühe versenkte ich meinen harten Schwanz in ihrer Lustgrotte... sie jauchzte auf... mit herzhaften Stößen rammte ich immer wieder meinen Prügel in Helgas Muschi... es war so geil diese reife Pflaume zu ficken... Helga stöhnte und grunzte im Takt zu meinen Stößen... es dauerte nicht lange und wir beide kamen in einem gigantischen Orgasmus... ich spritzte alles in diese geile Möse... Helga drehte sich um und nahm meinen noch Steifen in den Mund...saugte den letzten Rest... zum Abschluss küssten wir uns noch innig...

Das Prachtweib

Der junge Mann fährt das Rollband in die dritte Etage des Einkaufszentrums hoch. In seinem Unterleib verspürt er den Druck und das Kribbeln, den zu lange aufgestaute Geilheit erzeugen. Eine Stunde hat er in der schwülen Sommerhitze unten im Straßencafé in der Fußgängerzone gesessen. Während er seinen Kaffee trank, ließ er seinen Blick über unzählige leichtbekleideter Frauenleiber gleiten, immer abschätzend, mit welcher er es wohl wie treiben würde. Gelegenheiten zum Flirt gab es genug, aber immer wenn er merkte, dass er eine haben könnte, verlor er schon wieder das Interesse an ihr. Bei seinem Aussehen fällt es ihm auch weiß Gott nicht schwer, schöne Frauen herumzubekommen. Er weiß es und er lebt auch danach, lässt keinen guten Fick aus.

Doch jetzt treibt ihn etwas anderes, eine Gier die schon länger in ihm schmort. Genauer gesagt seit fünf Jahren, als er achtzehn war. Damals stand er wie so oft abends auf dem elterlichen Dachboden und schaute aus dem Dachfenster in die ein Stockwerk niedriger liegende Wohnung der Nachbarn.

Bis zur Nase schaute sein Kopf ganz unschuldig aus dem Dachfenster, während etwas tiefer seine Hand den steil aus seinem Hosenschlitz aufragenden Schwanz umfasste. Er genoss es zu wichsen, während er die Nachbarin beim Ausziehen oder noch besser beim Eincremen ihrer großen Brüste beobachtete.

Doch an diesem Tag sah er mit angehaltenem Atem, wie ein Mann an die dralle Nachbarin herantrat, sich ausgiebig mit ihren dicke Titten beschäftigte und ihr schließlich mit sattem Strahl auf ihre prallen Dinger spritzte, die sie dem Mann fordernd entgegenreckte, genau in dem Moment, als der kleine Wichser unterhalb des Dachfensterrahmens auch seine Ladung abschoss.

Dieses Ereignis hatte ihn mehr geprägt, als er wahrhaben wollte. Oftmals war seine Tittengier so stark, dass sie seinen Freundinnen schon zu viel wurde. Einige hatte er schon zum Tittenfick überredet, aber keine war mit Begeisterung dabei gewesen. Auch hatten sie nie die Möpse, von denen er träumte.

Vor einer Woche war etwas Unerwartetes geschehen. Ebenso wie jetzt war er die Rollbänder hochgefahren, auf dem Weg in die vierte Etage. Plötzlich bemerkte er etwas aus den Augenwinkeln. Ein Impuls durchzuckte ihn, ließ seinen Kopf so herumfahren, dass es im Genick schmerzte. Vor einem Jeansladen stand an einem Kleiderständer ein Prachtweib mit einem riesigen Vorbau und schlanker Taille. Den Bruchteil einer Sekunde hatte er sie noch im Blick, dann verschwand sie durch die Vorwärtsbewegung des Rollbandes hinter einer Wandverkleidung.

Er wollte auf dem Band zurückstürmen, doch die Menschenfülle ließ es nicht zu. Bis er das Band in gegenläufiger Richtung erreicht hatte, war die Schöne längst entschwunden.

Bei jeder der vielen Ladungen, die er sich in den folgenden Tagen rauswichste, hatte er dieses Bild vor Augen. Trotzdem war er sich sicher, dass es wohl immer ein Traum bleiben würde. Bis er gestern zufällig wieder an dem Jeansladen vorbeikam und sah, dass das Objekt seiner Begierde dort anscheinend als Verkäuferin arbeitete. Unzählige Baggerstrategien sind seit dieser Moment durch seinen Kopf gelaufen. Entscheiden konnte er sich für keine und der einzige Effekt waren Knie aus Butter und ein Schwanz aus Stahl. Doch jetzt gilt es. Der Weinbrand zum letzten Kaffee verleiht ihm etwas Sicherheit, während er mit vorgetäuschter Lässigkeit in der dritten Ebene auf den Laden zugeht. Er sieht SIE durch die Scheibe, zögert, spielt mit dem Gedanken wieder umzukehren. Doch dann tritt er ein. Außer ihm und der Verkäuferin ist der Laden völlig menschenleer. Sie steht vor einem Regal und ordnet Hosen ein.

Jetzt hat sie ihn bemerkt, dreht sich um und kommt lächelnd auf ihn zu.

"Was kann ich für Sie tun?"

Er hat das Gefühl rot anzulaufen, unzählige Gedanken schießen ihm durchs Hirn. Sie scheint älter zu sein, als ihre Figur aus der Ferne erahnen ließ, circa Mitte dreißig. Aber das stört ihn keineswegs, denn beim Wichsen während er die Nachbarin beobachtete, hatte er sich oft vorgestellt, es mit einer älteren Frau zu treiben.

Ihre Lippen: unglaublich voll und sinnlich, schon fast unanständig glänzend, betörend rot. Ihre langen dunklen gewellten Haare. Und dann das, was ihr vorweg wogt: diese gigantischen Titten! Sie trägt eine weiße Bluse, straff in die Hose gesteckt, so dass der eigentlich lockere Stoff über ihren Brüsten sehr spannt. Die oberen Köpfe sind offen, so dass der Spalt zwischen ihren dicken Dingern gut zu sehen ist.

Er ist heilfroh, seine Sonnenbrille noch aufzuhaben, damit sie nicht sofort merkt, dass er seinen Blick nicht von ihrem wackelnden Busen wenden kann.

"Äh... ich möchte eine Jeans..."

"Schlabberig? Skater? Oder lieber eng?"

"Wie?... Äh... eng!"

Sie mustert seine untere Hälfte durchdringend, greift in ein Regal und reicht ihm eine Hose.

"Probieren Sie die mal."

Die Nähe dieses Prachtweibes bringt ihn um den Verstand.

Sie geleitet ihn in Richtung der Umkleidekabine, öffnet ihm den Vorhang. Beim Öffnen des Reißverschlusses seiner alten Jeans in der Kabine schnellt ihm sein steifer Riemen entgegen. Durch den Spalt im Vorhang sieht er die grosse Titten in Greifweite. Er könnte auf der Stelle losspritzen! Aber er beherrscht sich tapfer und schiebt sich in die neue Hose. Mit etwas Kraftaufwand lässt sie sich sogar über seinem pulsierenden Schwanz schließen. Er tritt vor die Kabine.

"Nun, was halten Sie davon?"

Plötzlich wird ihm klar, dass er seine Sonnenbrille nicht mehr trägt und so für die Schöne offenbar ist, worauf sein Blick schwerpunktmäßig ruht. Sie berührt ihn am Arm, dreht ihn langsam vor sich, sieht an ihm herab. Dann fasst sie ihm leicht aber bestimmt an den Hintern. "Ich denke, hier könnte es noch etwas strammer sein, oder? Probieren Sie doch mal diese!" Während er wieder in der Kabine verschwindet, hört er hinter sich, wie sich ihre Schritte etwas in Richtung Eingang entfernen.

Er probiert die Hose an bzw. verzweifelt daran, zieht den Vorhang etwas zur Seite und ruft: "Diese passt nicht..." Er sieht, wie sie sich an der Ladentür zu schaffen macht und ein Schild aufhängt. Jetzt kommt sie mit leicht spöttischem Lächeln auf die Kabine zu. Öffnet den Vorhang. Sieht herab auf seinen stark deformierten Slip. "Ich denke, da haben wir die Lösung des Problems!"

Die Hand mit den knallroten Nägeln schießt vor und zieht mit gekonntem Griff sein pralles Gerät hervor. Sie hält seine pochende Stange fest umschlossen, blickt von unten in seine schreckgeweiteten Augen und fragt, obwohl sie gut einen halben Kopf kleiner ist als er: "Na, mein Kleiner? Was hat dich denn so geil gemacht? Die großen Titten der Tante? Tststs..." Ihm fehlen die Worte. Ihre Finger umspielen seine Eier. "Was ist? Gefallen sie dir?", legt sie fragend nach.

Er stiert auf ihre prallen Möpse in der weißen Bluse. Jetzt drücken sich ihre Nippel schon stark durch den Stoff. Diese Traummöpse geben sich keine Mühe, die Geilheit ihrer Besitzerin zu verbergen. Sie drückt sich gegen ihn. Er spürt ihre großen Bälle an seinem Bauch.

"Na los! Pack sie aus! Das willst du doch, oder?" Während er vorsichtig seine Hände auf ihre Bluse legt, das heiße Fleisch durch den Stoff fühlt, hört er sich ein heiseres "Jaaa…" krächzen. Dann öffnet er rasend schnell Knopf um Knopf und zieht die Bluse herunter. Ihre Prachteuter liegen vor ihm, nur noch vor seiner Gier geschützt durch einen wunderschönen Seiden-BH, durch den sich ihre großen Brustwarzenhöfe dunkel abzeichnen. Zwischen diesen prallen Lustsäcken der Verschluss. Er sinkt auf die Knie, vergräbt seinen Kopf stöhnend zwischen ihren Titten, streichelt sanft über den weichen Stoff und spürt dabei immer wieder ihre harte Nippel.

"Los, mein kleiner Tittenlüstling! Hol sie raus! Nimm sie dir!" Kaum hat er den Verschluss geöffnet, rutscht ihm die geile Pracht entgegen. Gierig beginnt er zu kneten und zu lecken. Er auf den Knien, sie leicht gebeugt vor ihm, damit ihre Titten zu seiner freien Verfügung über ihm schweben. "Ja, leck sie mir! Mach sie mir ganz nass! So nass wie meine feuchte Muschi!" Seine Hände reißen ihr Hose herunter und langen zwischen ihre Schenkel. Ein dickgeschwollener Kitzler, ein klatschnasses Lustloch. Seine Finger in ihrer Muschi lassen sie wieder aufstöhnen. Dann wendet sie ihm den Rücken zu. Im großen Spiegel der Umkleidekabine sieht er sich selbst hinter ihr stehen, seine Hände auf diesen Traumtitten. Sie beugt sich vor, stützt sich auf dem Stuhl ab, reckt ihm ihren geilen Arsch entgegen.

120

"Komm, vögel mich von hinten in die Muschi und knete dabei meine dicke Titten!" Langsam kommt ihm die Besinnung wieder: "Aber... wenn jemand?..." "Ich hab abgeschlossen. Du bist jetzt gefangen wie die Fliege im Spinnennetz!" Mit diesen Worten packt sie seinen harten Ständer, der bis dato zwischen ihren Arschbacken steckte, und stopft ihn sich voller Gier in ihre heiße Pussy. Da Gefühl ist unglaublich. Er beginnt wie wild zu stoßen und sie zu stöhnen. Im Spiegel sieht er wie ihre Riesenglocken bei jedem Stoß vor und zurück pendeln. Er greift richtig zu und bearbeitet sie heftig, melkt sie regelrecht. Sie greift seine Hände und presst sie noch fester auf ihre Titten. "Ja, du geiler Tittenhengst! Deck mich und knete mir die Möpse! Und sag mir was Versautes!" "Du geile Euterhure, ich besorg's dir, dass dir mein Saft aus den Ohren kommt! Und dann besorg ich Dir einen Tittenfick, bis es mir noch mal kommt!" "AAAH!!!!" Sie schreit spitz auf, bäumt sich auf, ihre triefende feuchte Muschi verengt sich tierisch. Ihre Hände krallen nach seinen Hüften, ziehen ihn eng an sie ran. Er spürt, wie sie in ihrer Muschi innerlich abspritzt und ihr der Saft die Beine hinabläuft. Seine Stöße halten inne, während sie nach Luft ringt. Er beherrscht sich eisern, nicht zu spritzen. "Los, Süßer, vögel mich weiter!" Doch er zieht seinen nassen Schwengel raus, dreht sie herum und setzt sie auf den Stuhl. "Jetzt will ich deine geilen großen Sahnetüten vögeln! Halt sie hoch!" "Ja, schieb mir deine dicke Stange dazwischen!" Dabei reckt sie ihm erwartungsvoll ihre prallen Melonen entgegen. Doch zuerst streichelt er mit seiner nassen roten Eichel um ihre steinharten, weit herausragenden Nippel, was sie in

gieriges Gehechel versetzt. Dann endlich erfüllt er sich diesen so lang ersehnten Traum:
genussvoll langsam schiebt er sein prächtiges Gerät zwischen diese heißen geilen Fleischberge. Dann steigert er das Tempo, die Gier lässt ihn immer wilder werden. Hemmungslos stöhnend vögelt er die dicken Glocken dieser ihm fast völlig unbekannten älteren Frau. Ihre Augen blitzen wild und gierig, sehen verzückt zu, wie sein schöner Schwanz zwischen ihren Titten auftaucht und verschwindet, während er ihre Titten richtig durchwalkt. Dann schiebt er ihr den Ständer bis vor die Lippen und sie leckt gierig bei jedem Stoß über die tropfende Eichel, lässt ihn manchmal weit zwischen ihren Lippen verschwinden und saugt ihn ein.

Das ist zu viel für ihn. Er hält inne mit Stoßen, presst ihre Brüste mit aller Kraft zusammen. Dann steigt zwischen ihnen die heiße weiße Fontäne auf, spritzt ihr ins Gesicht und auf die Haare. Vor allem aber ergießt sich Schub auf Schub über die gigantischen Titten. Sie greift sich sein Glied, melkt auch noch die letzten Tropfen auf die Nippel und verteilt die Soße mit dem dicken Prügel auf ihren Möpsen.

"Komm, ich will jeden Tropfen deiner Sahne auf mir sehen!" Er gleitet langsam und erschöpft auf den Fußboden. Sie folgt ihm, beugt sich über seinen Schwanz und beginnt ihn sauber zu lecken.

"Machst du das öfter so? Ich meine, auf diese Art dir Kerle einfangen?"

"Hm, ja, schon. Ich steh drauf, wenn die Jungs verrückt nach meinen Titten sind! Aber es ist selten so ergiebig wie bei dir, mein geiler Tittenfick Spezialist. Ich hoffe, dass wir das bald wiederholen..."

"Wenn du noch ein bisschen weiterleckst, werden wir das schneller wiederholen als du denkst!"

69er

Ich bin Hausmeister in einem Wohnblock für altersgerechtes Wohnen und eigentlich für alles im Haus zuständig.

Neulich hatte ich ein nettes und geiles Erlebnis. Im Zimmer 111 leuchtete die gelbe Lampe, das bedeutet, ich werde dringend gebraucht. Ich also hin, die Bewohnerin ist erst neu und so um die 70 Jahre. Sie begrüßte mich im Morgenmantel und bat mich ihren Liegesessel vor das Fenster zu stellen, da ja so ein herrliches Wetter wäre und ich sollte den Sessel in Ruhestellung bringen. Gesagt, getan und sie legte sich zu Probe gleich mal drauf. Dabei rutschte ihr Morgenmantel zur Seite und ich sah das sie keine Schlüpfer anhatte.

Ein kräftiger Bär schaute mich an. Sie hatte das wohl nicht mitbekommen, denn zufrieden stellte sie fest, so kann ich liegen und die Sonne genießen und mich etwas bräunen. Oder war das alles nur Mache, denn sie sagte zu mir.

Junger Mann, (ich bin 47) würden sie eine alte Frau mit Sonnenmilch eincremen? Ablehnen konnte ich wohl kaum, denn ich bin auf das Wohlwollen der Bewohner angewiesen. Sie zog den Morgenmantel aus und stand nun nackt vor mir, mit hängenden Brüsten und verdächtig spitzen Brustwarzen. Ich verteilte die Milch auf ihren Rücken und sie rieb sich ihre Brüste ein. Dabei stöhnte sie ganz leise. Ihre Warzen wurden richtig dick und standen spitz nach vorn. Mich hat dieses leichte stöhnen geil gemacht, denn ich bekam doch einen Steifen. Die Frau beugte sich mit mal nach vorn um ihre Beine einzuschmieren. Dabei drückte sie mit ihrem Hintern an meinen Steifen. Na junger Mann , sie haben wohl lüsterne Gedanken, oder haben sie immer so ein Ding in der Hose. Ich konnte nichts mehr sagen, denn jetzt

124

übernahm sie voll das Zepter. Komm Junge mach es einer alten Frau, denn ich möchte nochmals einen kräftigen Phallus in mir spüren. Ich werde deine Dienste auch belohnen und nahm mich an die Hand und ging mit mir ins Schlafzimmer.

Ich holte meinen Steifen aus der Hose und wollte in ihre Fotze fahren. Das ging aber nicht, denn sie war ziemlich trocken. So nahm ich etwas Spucke und feuchtete ihre Möse an. Herrlich große Schamlippen hatte sie und meine Berührungen wurden mit herrlichen Stöhnen begleitet. Ich dachte, diese alte Frau will noch einmal so richtig wie in jungen Jahren gefickt werden. Alle Skrupel lies ich beiseite und streichelte die geile Schnecke. Ihre Gesichtszüge verklärten sich und ich ging mit meinem Gesicht an ihre Spalte. Als meine Zunge ihre Schamlippen spalteten schrie sie ganz lüstern und enthemmt. JAAAAA das ist schön. Meine Zunge legte einen herrlichen großen Kitzler frei und jetzt war die Fotze auch richtig naß. Ich steckte meinen Schwanz in diese herrliche Grotte und fickte unkontrolliert. Dabei zwirbelte die alte Frau ihre Brustwarzen und röchelte geil vor sich hin. Ohhhh jaah das ist herrlich meine alte Fotze ist richtig glitschig, wie in jungen Jahren aaahh mir kommt es. Ihr Gesicht wurde zu einer Fratze und sie genoß das geile Jucken. Ich zog meinen Prügel aus Spalte und fickte nur die Schamlippen und den Kitzler denn so eine geile Fotze hatte ich noch nicht gesehen. Sah das geil aus, wie mein Schwanz in den Schamlippen lag und gegen den Kitzler stieß. Der Anblick dieser alten Fotze trieb mir den Saft aus den Eiern. Sie lag jetzt ganz still und genoß meinen Schwanz und ich spritzte völlig unkontrolliert meinen Samen auf ihren Bauch. Lächelnd verteilte sie meinen Samen auf ihren Brüsten und meinte, jetzt kann ich mich entspannt sonnen gehen. Sie sagte, ich brauche deine Hilfe bestimmt jetzt regelmäßig einmal im Monat.

Durch dieses Erlebnis waren die alten Frauen für mich nicht mehr alt, sondern lüsterne Geschöpfe die es immer noch geil finden das Jucken ihrer Fotze zu genießen. Eine neue Erfahrung, die mir bei meiner Tätigkeit als Hausmeister bestimmt noch andere Möglichkeiten eröffnen werden. In der Folgezeit legte ich es öfter darauf an den alten Damen an die Brust zu kommen. Es gab noch keine die etwa brüskiert war, im Gegenteil, manche drückten ihren Busen schon mal gegen meinen Körper und strichen mir über den Hintern. Dabei schauten sie mich verlangend an und lächelten ganz hintergründig. Da im Heim nur Damen wohnen, bin ich der einzige Mann im Hause an dem sie sich etwas aufgeilen können. Diesen Umstand werde ich nun sexuell auskosten.

Zu meinen Aufgaben gehört auch die Überprüfung der technischen Geräte auf den Zimmern. Heute ist wieder so ein Kontrollgang. Anfangs war alles normal, abgesehen von den kleinen Anzüglichkeiten der Damen über meinen strammen Hintern und die fordere Markierung. Aus dem Zimmer 116 kamen laute Geräusche. Ich klopfte, doch es kam kein herein. Ich drückte die Tür auf und hörte lautes Gestöhne. Die Geräuschskulisse kam aus dem Fernseher und aus dem Fernsehsessel, der genau in meinem Blickfeld stand. Im Sessel mit dem Rücken zu mir lag die Bewohnerin nackt und stöhnte herrlich geil, denn im Fernseher lief ein echt geiler Porno. Ich konnte sie nicht direkt beobachten, aber zum Glück stand der Ankleidespiegel neben den Fernseher und darin sah ich das herrliche Schauspiel. Die

Dame wichste ihre geile Schnecke und knetete dabei ihre Brüste. Ihr Blick ging vom Spiegel zum Fernseher und wieder zurück. Das heißt, sie geilte sich an den Handlungen auf und beobachtete sich dann selbst beim Wichsen. Ein herrlicher Anblick wie sie die Beine spreizte und dann wieder zusammendrückte, immer mit einer Hand an der Fotze und die andere an der Brust, die Warzen geil ziehend. Ich hatte natürlich schon lange einen steifen in der Hose, wollte aber erst einmal diese Situation voll genießen. Daher schloss ich hinter mir leise die Tür ab, damit keiner stören konnte. Die alte Dame bewegte ihr Becken ständig auf und ab, so als ob sie einen richtigen Schwanz in ihrer Schote hätte. An den Händen war schon weiser Schaum und auch die Fotze glänze nass und weislich. Ich hörte wie sie mit einemmal meinen Namen rief. Jetzt hat sie mich entdeckt dachte ich noch, aber nein, sie lies sich nur in Gedanken von mir Ficken. Komm Werner mach es mir richtig, ja so ist es schön, dein Schwanz ist so stark, ja schieb ihn ganz tief rein. Dabei drückte sie ihr Becken ganz nach oben und drückte ihre Finger in die herrlich nasse Vagina. Sie zog daran als ob sie die geile Spalte aufreißen wollte. Für mich war das die Aufforderung meine Hose auszuziehen. Ich knotete vorn mein Hemd zusammen und stand nun halbnackt hinter ihrem Sessel. Mein steifer Schwanz hatte eine pralle Eichel, immer ein Zeichen höchster Geilheit. Der Anblick dieser Wichsspiele hat mich natürlich super scharf gemacht, zumal ich der Wichspartner war. Kurz entschlossen stellte ich mich vor dem Spiegel und wichste ganz langsam meinen steifen. Dies war der Dame wohl zuviel, denn sie schrie meinen Namen und ich sah wie ihr Körper sich verkrampfte und aus ihrer Spalte kam schubweise weiser Saft. Dabei schrie sie immer, Werner, ja, ja, Werner oh. Nur durch mein plötzliches Erscheine hatte sie einen herrlichen Orgasmus. Diesen schrie sie so laut heraus, dass bestimmt einige Bewohner es gehört haben, zumal der Porno längst zu Ende war. Ficken wollte ich die Dame nun nicht mehr, denn sie hätte bestimmt nichts mehr davon gehabt. Ich drückte meinen Steifen nur einmal kurz in ihr Loch und zog ihn nass wieder heraus. Dabei sagte ich zu ihr, ich komme nächsten Freitag wieder und ficke sie richtig, damit sie immer eine Wichsvorlage in ihren Gedankenspiel haben. Zum Schluss küsste ich die mit weisem Fotzensaft besudelte Grotte und zog mich zurück um meine Arbeit fortzusetzen.

Im Nebenzimmer klopfte ich sachte und es kam ein kräftiges herein. Ich brachte mein Anliegen vor, dass ich die technischen Geräte überprüfen möchte. So, so die Geräte überprüfen nennt man das wohl heute. Etwas ratlos schaute ich die Dame an. Sie sagte nur, ich hab alles gehört und fand es herrlich das andere Hausbewohner auch noch sexuelle Bedürfnisse haben. Frau Wert hat aber auch laut geschrieen, da müsste man ja taub sein wenn man diesen Orgasmus nicht mitbekommen hat. Sie waren doch der Glücksbringer, oder irre ich mich da? Na ja, nicht so ganz, denn sie hatte sich selbst befriedigt und ich war nur der Auslöser. Ich stellte mich nur wichsend vor sie und dabei konnte sie es nicht mehr halten. Es war aber herrlich sie erst zu beobachten und dann nur einmal meinen steifen in das zuckende Loch zu schieben.
Dann haben sie wohl noch einen vollen Hoden? Das ist aber schön, dann können sie meine Geräte auch gleich überprüfen. Ich habe mir natürlich bei diesem geilen Gestöhne auch meine Schnecke gerieben. Dabei habe ich

gehofft, das sie im Anschluss, nachdem sie Frau Wert beglückt haben zu mir kommen würden. Jetzt sind sie hier und haben immer noch einen kräftigen Abdruck in der Hose. Wie sie wissen bin ich erst 66 Jahre, und da ist man noch richtig geil auf einen jungen Mann wie sie. Schließen sie die Tür zu und zeigen sie mir ihr Prachtstück. Ich tat ihr den Gefallen, denn mein Schwanz wollte in die Freiheit. Wie ein Kaninchen auf die Schlange starrte sie auf meinen Schwanz und zog sich dabei völlig nackt aus und legte sich auf das Sofa und begann zu wichsen. Erst langsam und dann immer schneller bearbeitete sie ihre Körper. Unter dem Kopfkissen holte sie eine Vibrator hervor und schob ihn sofort in das schon nasse Loch.

Ich nahm das schöne Stück und bearbeitete ihre wunderbare Fotze. Geil wie der Mösensaft aus ihrer Grotte strömte. Mein Schwanz stand kerzengerade und tropfte vor Erregung. Diese Tropfen wurden schnell von ihr abgeleckt. Dabei bearbeitete sie die Eichel so gekonnt mit ihren Lippen das ich vor Geilheit laut geschrieen habe. Ich beugte mich nach vorn und begann ihre Fotze zu lecken mit dem Ergebnis das wir in eine richtig geile 69ziger Stellung uns verwöhnten.

Die Fotos

Alles fing damals in meinen jüngeren Jahren an, als ich mal
mit nem Kumpel dessen Dachboden ausgeräumt habe. Wir
haben den ganzen Krempel ausgeräumt und sortiert. Ganz
unerwartet fanden wir eine uns nicht bekannte Schachtel,
in der Fotos gelagert waren. Es waren wie es kommen sollte,
Nacktfotos von seiner Mutter. Damals begann alles, dass
ich auf die Mutter von meinem besten Kumpel richtig
scharf wurde. Das ganze zog sich über ein paar Jahre, in
denen ich mir die Fotos immer angeschaut habe, mir einen
drauf gewixt habe, ich hatte seine Mutter oft beobachtet,
und in ihrer Getragenen Wäsche gewühlt. Immer wieder
wenn ich den Duft dieser Reinrassigen Reifen 30 Jährigen
Fotze aufgesaugt und geleckt habe, dacht ich mir immer
wieder... Ich will Sie Ficken. Nach 3 Jahren, als ich dann
doch schon 19 Jahre alt war, hatte ich meines Erachtens
nach die Chance.. Ich habe seine Mutter immer so
beobachtet dass sie es bemerkt. Ich lies sie merken das
ich ihr immer auf die Nippel starrte, da sie nie einen BH
trug, und ich lies sie merken, das ich ihr immer auf den
Arsch kuckte, den sie immer durch ihre Tangas gut zeigen
konnte. Oft wenn wir bei meinem Kumpel waren und etwas
getrunken haben, habe ich sie in meiner Trunkenheit schon
immer angemacht, aber sie glaubte mir damals nie so
wirklich, da ich eben angetrunken war. Eines Tages war ich
wieder bei meinem Kumpel, der musste mal für kurze zeit
weg, und in dieser Zeit kam seine Mum herein. Da seine
Mum geschieden ist, fragte ich sie einfach mal so :" Geht
dir eigentlich seit dem geschieden sein nicht etwas ab ??"
Sie fragte eh schon wissen zurück :" Was denn?, die
wüsste nicht was ich damit meinen könnte:" Ich antwortete

nur noch ganz Selbstbewusst :" Du weist genau was ich meine, wir beide wissen es."

Seit dem Tag an, hatte ich immer öfters längere Gespräche, die von ihrer Seite kamen, ganz normale Gespräche, nichts besonderes, nur um einfach den Kontakt zu Knöpfen.

Eines Tages musste ich zu meinem Kumpel an den PC, weil meiner abgestürzt war. Mein Kumpel, Sein Bruder, keiner war zuhause.. nur seine Mum.
Ich ging in die Richtung seines Zimmers und da kommt man immer am Wohnzimmer vorbei, ich warf einen BLick hinein und seine Mum saß im Mini-Rock breitbeinig, die Füße über den Sessel drinne und kuckte Fern. Ich hatte Freisicht auf ihren Blauen Slip, hatte Sie es extra gemacht ??
Ich dachte mir, Jetzt oder Nie !!!

Ich ging zu ihr hin, die Beine blieben immer noch offen, kniete mich hin, streife mit einer Hand leicht unter den Rock und sagte zu ihr :" Du weißt schon das mich das jetzt unheimlich geil mach, dieser Anblick, dein ganzer Körper, alles macht mich an dir geil". Sie machte nur große Augen, sagte einen Moment nichts, dann griff Sie zu meiner Hand und sagte :" Komm mit !".
Sie zog mich an meinem Arm mit in ihr Schlafzimmer, schloss es ab:" Und ging gleich voll auf mich ein:" Soso, du findest mich also Geil, Turnt es dich an, mich so zu sehen??:" Ich antwortete nur noch vor lauter Geilheit:" JA".
"Ich habe es schon gemerkt, schon lange zeit, darum hab ich dir auch so oft meine Harten Nippel und meinen Geilen Arsch hingestreckt, ich hoffte nur noch drauf das du auf mich zukommst". Sie ging ein paar schritte auf mich zu...

131

Und nu ?

Sie ging in die Hocke, holte meinen schon lang erregten
Schwanz aus der Hose und begann gleich extrem dran zu
lutschen und zu saugen. Ich griff sie nur noch hart an den
Haaren und stieß ihr jedesmal mein Teil tiefer in ihren
Mund. Bei dieser Frau zweifelte ich an meiner Ausdauer,
zog sie nach oben und sagte zu ihr, das jetzt erstmal sie
dran sei spaß zu haben. Ich worf sie aufs Bett, schob ihren
eh schon so kurzen Rock nach oben, striff ihren Tanga ab
und begann, diese leicht Behaarte, Saftige und große Möse
zu Lecken. Ihre Schamlippen waren Riesig, und klitschnass,
ich Leckte sie immer heftiger, rieb mit meinem Daumen
über ihren Noch größeren Kitzler, Sie stöhnte immer
heftiger, immer mehr Saft floss aus ihr heraus. Auf einmal
dachte ich was ist dass ?? Sie Quetsche ihre Schenkel
heftig an meinen Kopf, lies einen Schrei los, und aus ihrer
Fotze sprudelte es nur noch so heraus. Ich habe den
ganzen Saft von ihrem Orgasmus komplett geleckt,
geschluckt, aus jeder Ritze geschlürft. Daraufhin stand sie
auf, zog sich aus, kam zu mir, Entkleidete mich und
flüsterte mir ins Ohr :" Das ist es doch was du willst, mich
Ficken, jetzt hast du die Chance, wenn du es drauf hast,
könne wir das gerne jeden Tag wiederholen". Ohne Worte,
drehte ich sie um, beugte sie übers Bett und drang mit
einem Stich komplett in ihre Feuchte Fotze ein. Sie Schrie
auf, zum Glück war keiner im Haus, denn sie stöhnte
wirklich sehr laut. Ich bearbeitete also ihre Fotze heftigst
von hinten, nebenbei Rieb sie sich den Kitzler und ich
Fingerte schon immer ihr geiles Po-Loch. Die Stöße kamen
mir immer härter Entgegen, sie wurde immer schneller, sie
Stand auf, warf mich aufs Bett und machte gleich weiter,
sie Ritt mich wie noch nie eine, sie Stopfte sich meinen

Schwanz sehr hart und Tief in ihr loch. Ihr Tempo hörte nicht auf, bis sie schlagartig aufhörte, etwas zuckte..eine Warme, Weiße Flüssigkeit aus ihr Floss und sie auf mich herunterfiel. Sie hatte ihren 2ten Orgasmus.. Ich sagte zu ihr:" Hey.. jetzt bin ich aber auch mal an der reihe..." Sie entgegnete es mir mit einem Mega BlowJob und zugleich dem Tittenfick, das sehr gut ging, weil sie wirklich Mächtiger dinger dran hat. Sie lutschte mich zum Höhepunkt, ich Kündigte es ihr an, sie öffnete Weit den Mund, sah zu mir hinauf und flehte mich an:" Gib mir all deinen Jungen Saft". In langen und kurzen Stößen spritze ich ihr meinen Saft komplett in ihren Mund. Sie schluckte alles runter und entgegnete mir nur ein "LECKER". Wir lagen kurze zeit da und warteten bis mein Kleiner Freund wieder Einsatz bereit war. Als er wieder extrem Anschwoll, verlange sie nur noch von mir:" Fick mich von hinten in mein Arschloch du geiler Bock". In der Löffelstellung drang ich ohne Vordehnung in ihr ohnehin geweitetes Arschloch ein und machte sie dabei ein bisschen heiß. Als sie es nötiger brauchte, drehten wir uns so, das ich sie Perfekt in der Hundestellung Hämmern konnte. Sie schrie schon vor Lust und schmerz, als ich das Tempo auf Maximum erhöht hatte. Ich steckte ihr noch 3 Finger in die Fotze und kurz drauf hatte sie wieder einen Orgasmus, währenddessen gab ich ihr auch bekannt, dass ich komme, sie schrie laut:" Spritz mir alles in den Arsch, ich werde danach alles aufsammeln" Ich dachte mir hä ? Aufsammeln ??
Naja, erstmal heftigst in ihren arsch abgespritzt, ihr enges Loch melkte mich durch ihre Zuckungen komplett. Dann kam dass, was ich nicht erwartete, Sie zog aus dem Nachtkästen eine Schüssel heraus, hielt sie unter Ihr Arschloch und sagte:" Komm zieh ihn raus" Ich habe meine Prügel rausgezogen und die Ganze Sahne lief in diese

Schale. Als alles soweit draussen war, schlürfte sie die Schale komplett aus. Sie entgegnete mir ganz fertig:" Ich liebe diese Cocktails aus dem Arsch, die sind so Lecker". Daraufhin, sagte ich zu ihr, das ich auch gerne einen Cocktail von ihr probieren würde..Sie wusste was ich meinte, Ich kniete mich hin, und sie Lies einiges von ihrem Goldenen Saft über mein Gesicht laufen und Pisste mir in den Mund. Auch ich habe es geschluckt und antwortete ihr auch ein Lecker. Lachend sagten wir, dass wir den gleichen Geschmack hätten. Ich fragte sie ob ich durch meine Chance was erreicht habe ?! Ooooh JA, bekam ich gesagt, drangehängt mit einem, Meld dich doch morgen wieder bei mir ! Ich zog mich an und ging endlich an den PC von meinem Kumpel um dort meine Arbeit zu erledigen, Sie ging wieder ins Wohnzimmer, damit niemand was merkte!

Herstellung und Verlag:
BoD – Books on Demand, Norderstedt
ISBN 978-3-7357-4345-9